via reise tour

Sabine Olschner

Ab ins Grüne

Rund um Köln & Bonn

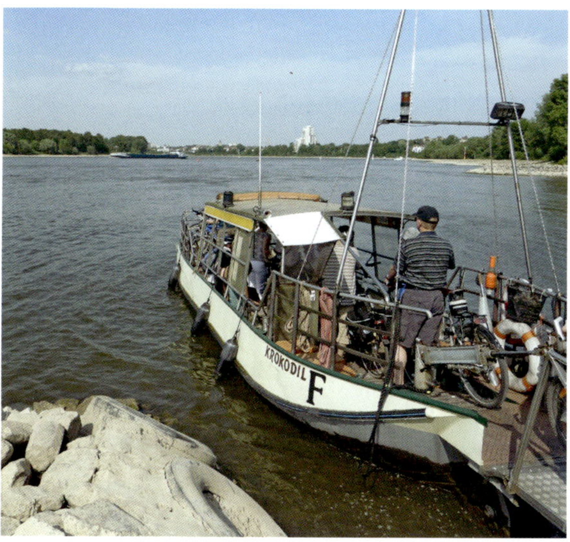

Inhalt

Zwischen Kölner Grüngürtel & Bonner Rheinauen

Bergisches Land

Siegtal, Siebengebirge & Mittelrhein

Eifel

Highlights rund

Rund um die Brühler Seen ▸ Seite 50

Nicht weit von Brühl liegen, oft versteckt zwischen den Bäumen, unzählige idyllische Seen. Jeder hat seinen eigenen Charakter. Wer sich genug Zeit nimmt, kann die Ruhe an diesen stillen Orten besonders gut genießen.

Durch das Milchborntal ▸ Seite 70

Bergisch Gladbach hat nicht nur zwei imposante Schlösser zu bieten, sondern auch eine abwechslungsreiche Wanderung durch das Milchborntal. Zwischen Schloss Bensberg und Schloss Lerbach gibt es viel zu entdecken.

Hinauf zum Drachenfels ▸ Seite 104

Er ist zwar der Klassiker für einen Sonntagsausflug. Doch wer statt des beliebten Eselsweges hinauf zum Drachenfels die ruhige Variante durch das Nachtigallental wählt, wird mit einer lauschigen Waldwanderung belohnt.

um Köln & Bonn

Auf dem Limes-Wanderweg ▸ Seite 120

Ein Geheimtipp für Entdecker: Wer die Augen offen hält, findet in der Nähe von Rheinbrohl zahlreiche Zeugnisse aus der Vergangenheit. Die Wanderung auf den Spuren der alten Römer fasziniert Jung und Alt.

Durch die Weinberge ▸ Seite 138

Ob zur trubeligen Weinerntezeit oder im ruhigen Frühjahr: Der Rotweinwanderweg ist zu jeder Jahreszeit eine Reise wert. Weite Ausblicke über die Weinberge und tiefe Einblicke in die Täler machen Lust auf einen guten Tropfen.

Radtour entlang der Rur ▸ Seite 160

Immer am – zum Teil naturbelassenen – Ufer entlang geht es auf ebener Strecke bis zum Staubecken Obermaubach, an dem Urlaubsatmosphäre herrscht. Mit Blick auf den See kann man sich auf den letzten, etwas steileren Streckenabschnitt nach Nideggen vorbereiten.

Vorwort

Ab ins Grüne

„Ich mööch zo Foß no Kölle jon", sang einst das Kölner Original Willi Ostermann. Bevor man wie der Krätzchensänger Heimweh bekommt, muss man sich aber erst einmal aufraffen, die eigenen vier Wände zu verlassen – denn das macht meistens genauso viel Spaß wie das Nachhausekommen.

Dieser Ausflugsführer möchte alle Städter dazu einladen, öfter mal die Wanderstiefel zu schnüren und die heimische Umgebung zu erkunden. Oft muss man gar nicht weit fahren, um schöne Ecken zu entdecken: Selbst auf Kölner und Bonner Stadtgebiet laden grüne Oasen für längere Spaziergänge oder Radtouren ein. Wer ein bisschen weiter hinaus will, setzt sich in die Bahn und kommt schnell zu wunderbaren Wander- und Radregionen in der Eifel, im Bergischen Land oder entlang des Rheins. Ein Auto ist für solche Unternehmungen gar nicht nötig.

Ob Klassiker wie der Rotweinwanderweg, anspruchsvolle Touren auf dem Rheinsteig oder Radausflüge durch den rheinischen Gemüsegarten – dieser Führer bietet etwas für jeden Geschmack. Da alle Routen von der Autorin selbst erprobt wurden, ist Verlaufen so gut wie ausgeschlossen. Überblickskarten helfen bei der Orientierung, wobei detaillierte Rad- und Wanderkarten für die jeweilige Region zusätzlich hilfreich sein können, insbesondere dann, wenn man einmal von der geschilderten Route abweichen möchte. Informationen zu An- und Abfahrten mit öffentlichen Verkehrsmitteln machen den Ausflug zum Kinderspiel.

Es spricht also nichts mehr dagegen, demnächst die Wanderschuhe aus dem Schrank zu holen oder sich aufs Fahrrad zu schwingen und sich auf Spurensuche im Rheinland zu begeben. Lassen Sie sich von der heimischen Vielfalt überraschen!

Die Autorin

Die Wahl-Rheinländerin Sabine Olschner lebt in Frechen bei Köln und arbeitet seit vielen Jahren als freie Journalistin, unter anderem mit dem Themenschwerpunkt Reisen. Nun hat sie für die rheinländischen Radler und Wanderfreunde Routen rund um Köln und Bonn getestet.

Dank

Die Autorin bedankt sich bei allen, die sie bei den Wanderungen und Radtouren für dieses Buch begleitet und unterstützt haben – allen voran Jochen Hafner, der einen Großteil seines Sommers auf Schusters Rappen verbracht hat. Alle zusammen haben wir viele sehenswerte Kilometer erfolgreich erkundet.

Zwischen Kölner Grüngürtel & Bonner Rheinauen

Der Kölner Stadtwald in voller Blüte ▸ Seite 10

1

Parks im Kölner Westen

Von Weiher zu Weiher

Karte ▸ Seite 13

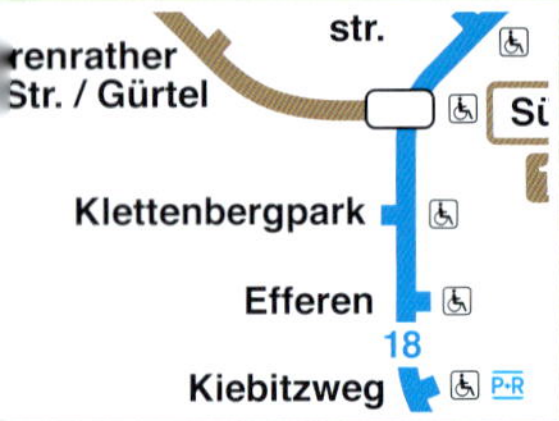

Spaziergang

Hinfahrt	KVB Klettenbergpark (Linie 18), alle 5–10 Min.
Rückfahrt	KVB Wüllnerstraße (Linie 7), alle 10–30 Min.
Verlauf	Klettenbergpark – Beethovenpark – Decksteiner Weiher – Stadtwald
Länge	8 km

Um ins Grüne zu gelangen, brauchen Kölner gar nicht weit zu fahren: Im Westen der Stadt liegen vier Parks, die man auf einem längeren Spaziergang miteinander verbinden kann.

Das erste Ziel unseres Ausflugs verbirgt sich hinter den Büschen der Haltestelle **Klettenbergpark** an der Luxemburger Straße: Direkt an der Straßenbahnstation befindet sich der Eingang zu dem gerade einmal 7 Hektar großen Park. Wir umrunden einmal den Weiher gegen den Uhrzeigersinn. Zur Blütezeit lohnt ein Abstecher hinauf in den Rosen-

Fort VI

Das Fort VI, auch Fort Deckstein genannt, ist ein Teil der ehemaligen Befestigungsanlage von Köln. Von den ehemals zwölf Forts, die sich über die Stadt verteilen, sind nur noch wenige erhalten. Das Fort Deckstein stammt aus den 1870er-Jahren und hat einen sehenswerten Ehrenhof. Treppen führen zu Terrassen hinauf, von denen aus man in den romantischen Felsengarten mit seinen überwachsenen Steinen schauen kann. Dieser Garten besteht aus den Resten des geschleiften Forts, das später zu einer Erholungsanlage umgebaut wurde. Wer sich für die Geschichte der Befestigungsanlage interessiert, kann im Kölner Festungsmuseum eine Führung durch das Bauwerk buchen.

Kölner Festungsmuseum
Militärringstraße 10
50996 Köln
Tel. (01 62) 7 39 95 05
www.museum.crifa.de

Der Decksteiner Weiher ist vor allem am Wochenende ein beliebtes Ausflugsziel

garten, der nach einer halben Teichumrundung auf dem Hügel liegt. Von hier aus hat man einen schönen Blick über den gesamten Park. Nachdem wir den Weiher fast vollständig umrundet haben, führt rechter Hand ein Weg zurück auf die Luxemburger Straße, ein wenig oberhalb der Straßenbahnhaltestelle. Wir wenden uns nach rechts und biegen 50 Meter weiter links in die Neuenhöfer Allee ein.

Kurz nach der Kreuzung Berrenrather Straße befindet sich links der Eingang zum **Beethovenpark.** Durch ein Umlaufgitter geht es in den Park hinein. Am schattigen Spielplatz vorbei folgen wir dem Hauptweg über die Volkswiese, der uns bis an die Fußgängerbrücke über die Militärringstraße führt. Durch den Äußeren Grüngürtel gelangen wir zum östlichen Ufer des **Decksteiner Weihers,** der besonders am Wochenende gern von Ausflüglern besucht wird. In den Sommermonaten wird das Gewässer auch als Regattastrecke genutzt. An der rechten Uferseite entlang laufen wir bis zur Brücke, wo die Gleueler Straße den Weiher in zwei Hälften teilt. Kurz dahinter lohnt sich ein Abstecher in den Wald hinein, wo noch die Reste einer Befestigungsanlage, das **Fort VI,** zu finden sind.

Zurück am Uferweg ist es nun nicht mehr weit bis zum **Haus am See,** einem traditionsreichen Ausflugsrestaurant mit Außenterrasse und einem der lauschigsten Ausblicke Kölns. Vor allem im Sommer lohnt sich der Besuch. Während man Kaffee und Kuchen genießt, kann man den Schwänen auf

via Tipp

Haus am See
Besonders schönes Ausflugsrestaurant mit leckerem Kuchen und einem der lauschigsten Ausblicke Kölns.
Bachemer Landstraße 420
50935 Köln
Tel. (02 21) 43 09 26-0
www.haus-am-see-koeln.de
Apr.–Sep. tgl. ab 11 Uhr,
Okt.–März Mo/Di Ruhetag

Club Astoria
Bistro-Restaurant mit Terrasse, Biergarten und Blick auf den Adenauer Weiher.
Guts-Muths-Weg 3
50933 Köln
Tel. (02 21) 98 74 51-0
www.club-astoria.eu
Di–Sa ab 12,
So ab 10.30 Uhr

dem Decksteiner Weiher zusehen und die Ruder- und Tretbootfahrer beobachten. Wer nun Lust bekommt, sich selbst ins Boot zu setzen, kann sich am Restaurant eins ausleihen.

Nach dieser gemütlichen Pause setzen wir unseren Weg fort: Wir folgen der kurzen Nordseite des Weihers, bis der Uferweg einen Linksknick macht. Dort wenden wir uns nach rechts Richtung Straße, folgen dieser nach links, bis 100 Meter später eine Schranke auftaucht, die wir durchschreiten. Dieser Weg führt uns über die S-Bahn-Gleise.

Wer möchte, kann kurz vor der Dürener Straße dem **Arboretum** einen Besuch abstatten: 19 Schautafeln geben auf einem kleinen Rundweg Informationen über die exotischen Bäume, die in den 1950er-Jahren hier gepflanzt wurden – unter anderem ein Urweltmammutbaum, ein japanischer Fächerahorn und orientalische Platanen.

Kurz hinter der Dürener Straße blitzt schon der **Adenauer Weiher** durch die Äste der Bäume, über ihm thronen die Türme des Müngersdorfer Stadions. Nun befinden wir uns im **Stadtwald.** Wer möchte, kann einen Abstecher ins Restaurant des **Club Astoria** oberhalb des Weihers machen, wo man je nach Witterung im Biergarten oder im Restaurant einkehren kann.

Mehr als nur ein einfacher Park – der Stadtwald in Lindenthal

Alle anderen umrunden den See im Uhrzeigersinn, nehmen nach einer Dreiviertelrunde den Eingang in den Wald Richtung Westen und überqueren kurz darauf eine kleine Teerstraße. Weiter geradeaus gelangen wir zur Fußgängerbrücke, die uns sicher über die Militärringstraße führt. An der Marcel-Proust-Promenade wenden wir uns nach rechts.

Wer einen Abstecher in den **Tierpark** machen möchte, biegt am weißen Wohnhaus nach links

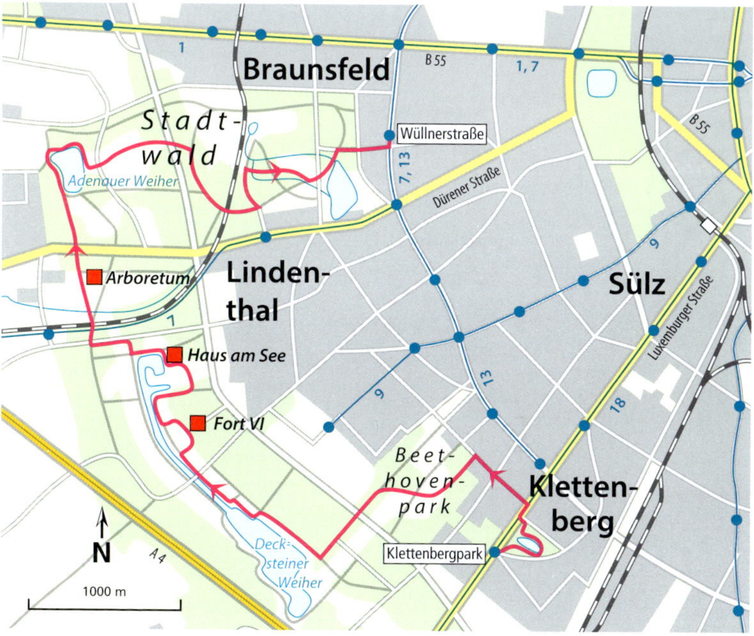

ab und findet nach rund 200 Metern den Eingang zum Wildpark, der besonders bei Kindern beliebt ist: Ziegen, Schafe, Hühner, Damwild, Esel, Hochlandrinder und andere Tiere lassen sich gern mit Futter aus den aufgestellten Automaten verwöhnen.

Am Ausgang stoßen wir wieder auf die Marcel-Proust-Promenade, wo Eltern von kleinen Kindern direkt noch einen Stopp einplanen können: Hier stehen nämlich die **Ponys** jedes Wochenende für kurze Reitausflüge durch den Park bereit – außer es gießt in Strömen.

Unsere Tour geht weiter nach links, über die Kitschburger Straße hinweg. Den Teich, auf dem man ebenfalls Boote mieten kann, lassen wir rechts liegen und überqueren stattdessen die grüne Brücke. Rechter Hand am Waldrand befindet sich schließlich die **Wüllnerstraße,** an deren Ende die gleichnamige Straßenbahnhaltestelle und damit der Endpunkt unseres Spaziergangs liegt.

Ponyreiten im Stadtwald
Am Hauptweg nahe der Kitschburger Straße
www.pony-reiten.de
Sa 13–18, So/Fei 11–18 Uhr

2 Kölner Rheinauen

Immer stromabwärts

Karte ▸ Seite 17

Wanderung

Hinfahrt	KVB Merkenich Mitte (Linie 12), alle 10–15 Min.
Rückfahrt	S-Bhf. Worringen (S11), alle 20 Min.
Verlauf	Merkenich – Langel – Worringen
Länge	12 km

Wenn die Kölner an den Rhein gehen, meinen sie meist die Promenade in der Altstadt. Viel schöner ist jedoch ein Spaziergang am Wasser weiter nördlich in den Rheinauen. In dieser grünen Oase findet sich noch Idylle pur.

Anfangs hören wir auf der Wanderung von Merkenich nach Worringen noch das Rauschen der Autobahn, die an dieser Stelle den Rhein überquert. Doch bald hat man den Eindruck, fernab der Kölner Großstadt zu sein.

Unsere Tour beginnt an der Straßenbahnhaltestelle Merkenich-Mitte, von wo aus wir die Daverkusenstraße in Richtung Dorfmitte spazieren. An der Merkenicher Hauptstraße geht es rechts und sofort wieder links in die Brictiusstraße hinein, die uns zur sehenswerten Kirche gleichen Namens führt. Der Turm der katholischen **Pfarrkirche St. Brictius** stammt aus der zweiten Hälfte des 12. Jahrhunderts und ist erst seit 1964 freistehend, da seinerzeit die nebenstehende neuromanische Kirche abgerissen und durch einen Neubau ersetzt wurde. Mit dem Kirchenbau im Rücken wenden wir uns zur Fährgasse, wo linker Hand der Weg zu den Rheinauen beginnt.

Wir folgen zunächst dem geteerten Weg bis zum Rheinufer und laufen bis zur Autobahnbrücke. Auf dem gegenüberliegenden Ufer liegt der **Neuland-Park,** das ehemalige Landesgartenschau-Gelände von Leverkusen. Wo unser asphaltierter

In den Kölner Rheinauen kommt einem die Großstadt sehr weit weg vor

Weg einen Linksknick macht, nehmen wir den Pfad, der uns geradeaus unter der Brücke hindurchführt. Wir bleiben auf dem Wiesenweg am Rheinufer, bis wir zu einem Campingplatz gelangen. Hinter dem Campingplatz zwingt uns ein zugewachsener Trampelpfad, eine kurze Teilstrecke am Kiesstrand entlangzulaufen. Hier lassen sich auch mal die müden Füße im Wasser kühlen. Am Rheinkilometer 703 können wir dem jetzt wieder gut ausgebauten Weg weiter folgen.

Bald schon kommt die hübsche rosa-weiße **Pfarrkirche St. Amandus** von Rheinkassel ins Blickfeld. Manch einem mag die Form bekannt vorkommen – sie ist ja auch mit ihren zwei Flankentürmen eine verkleinerte Kopie der Kölner Stiftskirche St. Gereon in der Innenstadt. Wer sie besuchen will, kann vor oder hinter der Kirche einen Abstecher über einen Feldweg machen. Ein weiterer Grund für den kleinen Umweg: Ein Hofladen neben der Kirche bietet regionale Besonderheiten zum Verkauf an.

Zurück am Rhein geht die Tour weiter an blühenden Wiesen und Schilfgürteln entlang. Etwa auf der Hälfte der Strecke kommen wir zu einem kleinen Sandstrand. Dieser gehört zum Dörfchen **Langel,** das vor allem wegen seiner Fähre hinüber nach **Hitdorf** bekannt ist. Am Fähranleger in Langel liegt das Restaurant **Zur Fähre.** Von der Terrasse hat man einen schönen Blick auf den Rhein. Bei Sonnenschein laden auch mobile Eis- und Würst-

St. Amandus
Amandusstraße 2
50769 Merkenich

Zur Fähre
Regionale und italienische Küche.
Cohnenhofstraße 132
50769 Köln-Langel
Tel. (02 21) 53 99 82 83
www.faehre-koeln.de
Mo–Fr ab 11.30,
Sa/So/Fei ab 10 Uhr

Zur Hitdorfer Fähre
Biergarten mit Grill und ein Eiscafé, direkt am Fähranleger.
Fährstraße 1f
51371 Leverkusen
Tel. (0 21 73) 94 20 76
www.hitdorfer-biergarten.de
Im Sommer:
Mo–Fr ab 14, Sa 12 Uhr,
So/Fei ab 11 Uhr

chenwagen am Parkplatz zu einem Snack ein. Wer eine kleine Flusstour auf die andere Seite unternehmen will, findet in Hitdorf direkt am Fähranleger einen **lauschigen Biergarten,** bevor es mit dem Schiff wieder zurück auf Kölner Gebiet geht. Am Hitdorfer Hafen befindet sich auch ein offizieller Grillplatz direkt am Wasser – denn nicht überall am Rheinufer ist das Grillen erlaubt.

Gut gestärkt gehen wir hinter dem Fähranleger in Langel weiter am Rheinuferweg entlang, der parallel zum Damm verläuft, auf dem die Radfahrer die Strecke bewältigen. Das Naturerlebnis ist inmitten der Auen jedoch ungleich schöner: Auf den Wiesen wachsen wilde Blumen, Distelsträucher, Pappeln, Weiden und Sanddornbüsche. Insgesamt zählt das Gebiet 28 seltene und geschützte Pflanzenarten. In den Bäumen sitzen oft Kormorane, viele andere Wasservögel nisten nahe des Rheins. Rund 100 Vogelarten wurden hier beobachtet, 19 von ihnen gelten als selten, etwa die Feldlerche, die Schafstelze oder der Kiebitz. Kurz nach der Fähre können wir wählen, ob wir dem Weg unten am Rhein entlang weiter folgen wollen oder lieber den Pfad durch die kleinen Wäldchen nehmen. Zwischen den zwei Varianten gibt es immer wieder Verbindungspfade, sodass man sich spontan entscheiden kann, welchen Weg man nimmt.

Ist der Rheinkilometer 709 auf der anderen Rheinseite erreicht, heißt es Abschied nehmen

Eine Fährfahrt nach Hitdorf lohnt sich wegen des lauschigen Biergartens auf der anderen Seite

vom Strom: Ein Schotterweg führt nach **Worringen** hinein. Wir kreuzen am Hochwasserpumpwerk mit seinem markanten Holzhaus den Fahrraddamm und nehmen die Unterführung am Werthweg. An der T-Kreuzung im Wohngebiet geht es nach links in den Langeler Weg und wieder rechts in die Straße Am Frohnweiher.

Am Ende biegen wir noch einmal nach rechts und wieder nach links in die Brombeergasse. Diese führt nach rund 600 Metern in den Wald hinein, wo uns zum Schluss unserer Tour noch einmal ein Highlight erwartet: Der Weg zur S-Bahn führt nämlich am Rande des **Worringer Bruchs** vorbei, einem sumpfigen Naturschutzgebiet, das vielen seltenen Tier- und Pflanzenarten eine Heimat bietet und zu ausgedehnten Wanderungen einlädt. Der Worringer Bruch ist ein rund 8 000 Jahre alter Mäanderbogen des Rheins. Auf 164 Hektar befinden sich hier auf 37,5 Meter Höhe und damit am tiefsten Punkt Kölns Weiden, Obstwiesen, Auen und eine sumpfige Flachlandschaft.

Mit einem Gefühl von Urwald stoßen wir auf die St.-Tönnis-Straße. Von hier aus ist es – einmal links und einmal rechts – nur einen Steinwurf weit bis zur S-Bahnhaltestelle.

3 Schlebusch – Thielenbruch

Karte ▸ Seite 21

Wilde Tiere am Waldbad

Wanderung

Hinfahrt	KVB Schlebusch (Linie 4), alle 10–15 Min.
Rückfahrt	KVB Thielenbruch (Linie 18), alle 10–15 Min.
Verlauf	Schlebusch – Dünnwald – Dellbrück/Thielenbruch
Länge	12 km

Wer denkt, dass die Stadt Köln nicht viel Grün zu bieten hat, der irrt: Im Jahr 2008 wurde der 171 Kilometer lange Kölnpfad eröffnet, der fast ausschließlich im Kölner Stadtgebiet durch Wald und Wiesen führt. Eine besonders abwechslungsreiche Etappe – vor allem auch für Kinder – ist der Weg von Schlebusch nach Thielenbruch.

Um zum Ausgangspunkt unserer Wanderung im Kölner Nordosten zu gelangen, müssen wir die Straßenbahnlinie 4 bis zur Endhaltestelle **Schlebusch** fahren. Von hier aus geht es in Fahrtrichtung weiter, bis wir rechts auf den Nittumer Weg stoßen. Nach einem kurzen Stück auf Asphalt biegen wir am Schild „Landschaftsschutzgebiet“ nach rechts in den Wald hinein. Das Schild ist etwas zugewachsen, aber wir können deutlich das Kennzeichen des **Kölnpfads** erkennen: ein weißer Kreis auf schwarzem Grund. Diesem folgen wir während der gesamten Tour.

Der schmale Pfad, der begleitet wird von einer Mountainbike-Strecke, stößt bald auf einen breiteren Weg. Hier biegen wir nach rechts ab, kurz darauf geht es dem weißen Kreis folgend nach links. An der vierten Kreuzung lädt eine Holzbank zur Rast ein, bevor wir nach rechts einschwenken. Diesem Weg folgen wir bis zu einem Holzgatter, wo wir rechts abbiegen. An der nächsten Gabelung, wo ein Schild auf das Naturschutzgebiet Nittum-Hoppersheider Busch verweist, geht es nach links. Am

Restaurant Wildwechsel
Unter anderem Wild aus dem benachbarten Wildpark.
Peter-Baum-Weg 24
51069 Köln
Tel. (02 21) 96 81 26 38
www.wildwechsel-koeln.de
Di–So ab 11 Uhr

Diepeschrather Mühle
Gute Küche in gehobenem Ambiente.
Diepeschrather Weg 80
51469 Bergisch Gladbach
Tel. (0 22 02) 1 88 63 38
www.diepeschrather-mühle.de
Di–So 12–14.30 und 17.30–23 Uhr

Bretterzaun entlang folgen wir weiter dem Weg. An Häusern, Gärten und Pferdekoppeln vorbei wenden wir uns an der Kreuzung nach links und laufen neben dem Katterbach bis zum **Fischteich.** Wer Glück hat, kann hier von einer lauschigen Bank aus Graureiher und andere Wasservögel beobachten.

Nach unserer Rast geht es weiter bis zur nächsten Kreuzung und geradeaus bis zu einer Metallschranke. An der Odenthaler Straße wenden wir uns nach links. Nach rund 60 Metern überqueren wir die Straße und nehmen einen kleinen asphaltierten Weg zwischen dem Straßenschild und einem Rettungspunkt am Baum. Nach weiteren 50 Metern geht es schräg rechts in den Wald hinein, und wir gelangen zum Dünnwalder Mühlenweg. Hier biegen wir nach links und 100 Meter weiter nach rechts.

An der Rasthütte an der Kreuzung halten wir uns geradeaus, ebenso an der nächsten Kreuzung, bis wir ein spannendes Zwischenziel erreichen: Durch die Bäume schimmert bereits das Dünnwalder Waldbad. Am Ende gabelt sich der Weg, und wir biegen nach rechts ab, um den Mutzbach

Waldbad Köln-Dünnwald
Beheiztes Waldbad mit zwei Wasserrutschen und Beachvolleyballplatz.
Peter-Baum-Weg 20
51069 Köln
Tel. (02 21) 6 00 15 88
www.waldbad-camping.de
Im Sommer tgl. 9–20 Uhr

Wildpark Dünnwald
Interessante Einblicke in den Betrieb eines Wildgeheges.
Haltestelle Wildpark (Buslinie 154)
51069 Köln
Tel. (02 21) 16 94 97 64
www.wildpark-duennwald.de
Führungen jeden 2. Mi im Monat um 14 Uhr

Im Wildpark Dünnwald können heimische Wildtiere aus nächster Nähe beobachtet werden

Das Kennzeichen des Kölnpfads

Straßenbahnmuseum Thielenbruch
Interessante Ausstellung über die 125-jährige Geschichte der Kölner Straßenbahnen.
Gemarkenstraße 173
51069 Köln
Tel. (02 21) 2 83 47 71
www.hsk-koeln.de
11–17 Uhr am 2. Sonntag eines Monats

Aubeles Restaurant am Straßenbahn Museum
Restaurant in einer ehemaligen Wagenhalle im Straßenbahnmuseum.
Tel. (02 21) 63 07 10 00
www.aubeles-restaurant.de
Di–So ab 11 Uhr

zu überqueren. An der nächsten Kreuzung führt der rechte Weg zum **Waldbad** und zum **Wildpark.** Die 2 Kilometer Umweg lohnen allemal – egal ob für den Besuch des Naturbads samt Wasserspielplatz, die Fütterung der Wildtiere im 1957 eröffneten Park, eine Runde auf dem **Minigolf-Platz** oder eine Rast im **Restaurant Wildwechsel,** das schwäbisch-badische Spezialitäten serviert.

Zurück am Kölnpfad wenden wir uns nach links. Wir folgen dem klaren Mutzbach geradeaus – wer keine Pause im Waldbad eingelegt hat, kann hier zumindest die Füße ins Wasser halten. Anschließend geht es weiter bis zur Gabelung, einmal rechts und einmal links, und wir kommen zur Diepeschrather Straße. An der rot-weißen Schranke biegen wir nach rechts und gelangen nach rund 300 Metern zum Kreisverkehr, wo es über den Dellbrücker Steinweg links in den Wald hineingeht.

An den Infotafeln zum Naturschutzgebiet „Thielenbruch und Thurner Wald“ wenden wir uns nach links, und nach einer Kreuzung mit Rasthütte gelangen wir zur **Diepeschrather Mühle,** die sich für eine Pause in gehobenem Ambiente anbietet. Mit Kindern setzen wir die Wanderung lieber fort, wenden uns auf dem Diepeschrather Weg nach rechts und sofort wieder rechts. Denn der folgende große **Spielplatz** mit Klettergeräten, Grillhütte und Teich ist ein Muss für kleine Wanderer.

Nach der Spielpause folgen wir dem Weg weiter geradeaus und treffen am Ende auf das Zeichen zum Naturschutzgebiet. Hier macht die Straße einen Linksknick, und wir kommen auf die Heinrich-Strünker-Straße. An der Paffrather Straße überqueren wir die Fahrbahn und biegen links in die Straße „An der Kittelburg“ ein, der wir bis zum Katharinenkammerweg folgen, in den wir schräg rechts einbiegen, um dann immer geradeaus durch das Naturschutzgebiet zu wandern.

Am Duckterather Weg biegen wir nach rechts, überqueren die S-Bahn-Brücke und kommen zur Mühlheimer Straße. An der Fußgängerampel geht es auf die andere Straßenseite und nach rechts, bis die Bebauung endet. Nach dem letzten Haus geht es links in den Wald hinein. An der nächsten Gabelung folgen wir dem Kölnpfad-Kreis nach rechts und landen auf einem Waldlehrpfad. An einer Infotafel auf einer Wiese mit einem alten Baumstumpf biegen wir nach rechts ab. Links über den Parkplatz hinweg sieht man bereits die Straßenbahnhaltestelle **Thielenbruch.**

Bevor wir die Heimfahrt antreten, lohnt sich auf jeden Fall der Besuch des **Straßenbahnmuseums,** das die fast 140-jährige Geschichte der Kölner Straßenbahnen erlebbar macht. In einer ehemaligen Wagenhalle des Betriebshofs Thielenbruch wartet das „Aubeles Restaurant“. Im Sommer kann man sich im schönen Biergarten des Restaurants entspannen.

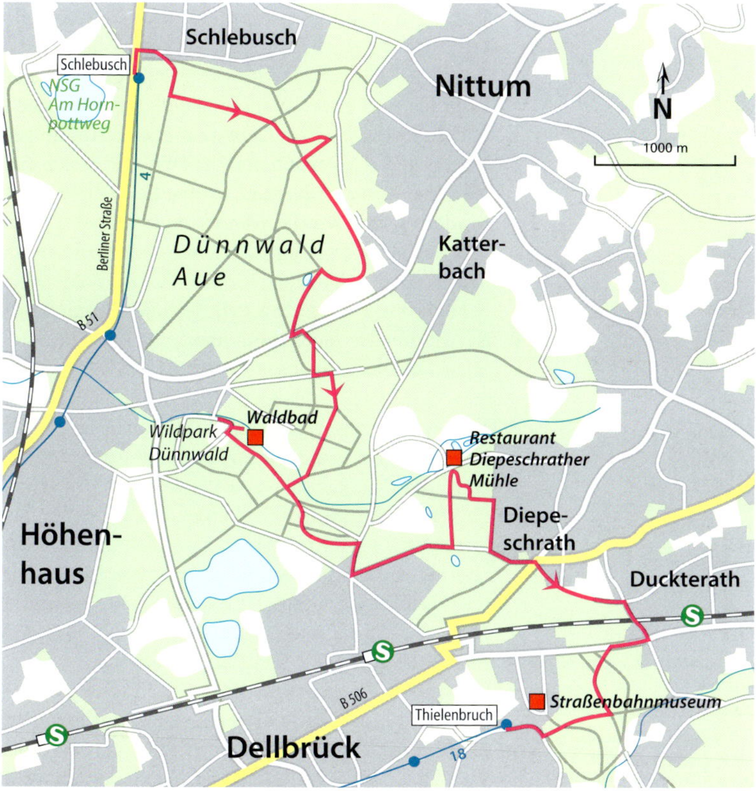

4 Königsforst

Das ist der Gipfel

Karte ▸ Seite 25

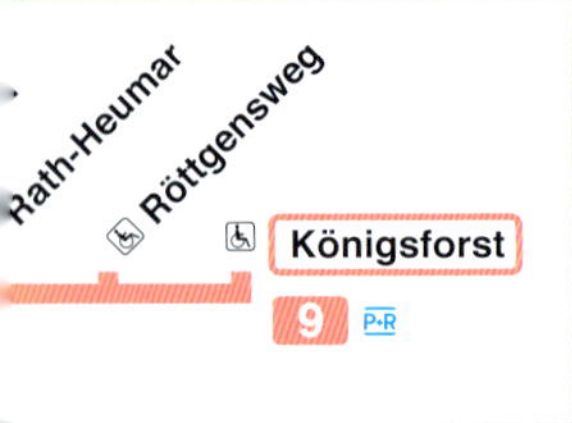

Wanderung	
Hinfahrt	KVB Königsforst (Linie 9), alle 10–15 Min.
Rückfahrt	KVB Frankenforst (Linie 1), alle 10–15 Min.
Verlauf	Köln-Rath – Königsforst – Frankenforst
Länge	8 km
Tipp	Kombinierbar mit Tour 5

Einmal quer durch den Königsforst geht es bei dieser Tour von Rath bis Frankenforst. Dabei erklimmen wir auch den höchsten Berg Kölns: den Monte Troodelöh.

An der Endhaltestelle der Linie 9 fängt sofort der Wald an, und unsere Wanderung kann beginnen.

Über die Straßenkreuzung hinweg gelangen wir über die Forsbacher Straße zum Eingang des **Waldlehrpfades,** der auf zahlreichen Schildern die Flora und Fauna der „grünen Lunge Kölns“ erklärt, wie der Königsforst auch genannt wird. Wir nehmen die Treppen linker Hand in den Wald hinein. Kurz darauf lädt bereits ein Wegweiser dazu ein, sich die **Hügelgräber** aus der Eisenzeit, circa 750 und 500 v. Chr., anzuschauen. Rund 50, zum Teil stark beschädigte Hügel wurden in den 1960er-Jahren entdeckt. Die Funde liegen heute im Römisch-Germanischen Museum ganz in der Nähe des Doms.

Wir folgen nun weiter dem Waldlehrpfad bis zur Infotafel „Waldpflege“. An der Schutzhütte biegen wir links ein in den Schiefer-Hauweg, den wir aber bereits am ersten Abzweig wieder verlassen: Auf dem Wanderweg A2/A3 geht es bis zum **Rather Weiher,** der mit ein paar Bänken zum Verweilen einlädt. Direkt am Anfang des Teiches wenden wir uns an der Kreuzung nach links. Vorbei an einem Nadelwald gelangen wir zu einer weiteren Kreuzung, an der sich sechs Wege treffen. Wir

Königsforst
Nähere Infos zum Königsforst gibt es unter: www.königsforst.net

Forstamt und Alpenverein spendierten dem höchsten Berg Kölns einen Felsen mit Inschrift und Gipfelbuch

Monte Troodelöh

118 Meter misst die höchste Erhebung Kölns: der Monte Troodelöh. Seinen Namen erhielt der „Berg" von drei Kölner Bediensteten namens Troost, Dedden und Löhmer, die am 12. November 1999 die offizielle Erstbesteigung vornahmen und den Berg in Anlehnung an ihre Nachnamen Troodelöh tauften. Mit Steigeisen, Pickel und Seilen ausgestattet, erklommen die Spaßvögel in Begleitung eines Lastenträgers, dem Sherpa, den sanften Hügel. Das Forstamt spendierte einen Felsen mit Inschrift, die Kölner Sektion des Alpenvereins fügte Gipfelbuch und -stempel hinzu. Seitdem berichten Wanderer immer wieder humorvoll von den Mühen des Aufstiegs auf den einzigen offiziellen Kölner Berg.

nehmen den Pfad halbrechts und lassen dabei die Sitzgruppe links liegen.

Immer geradeaus geht es nun, bis wir den asphaltierten Rennweg erreichen. Ein Schild weist geradeaus den Bergmannspfad aus, der leicht bergan steigt – so langsam gelangen wir nämlich an den höchsten Punkt Kölns. An der nächsten Kreuzung folgen wir den Wegweisern nach links Richtung Kettners Weiher und erreichen kurz darauf eine Bank mit einem Felsen, den eine Plakette schmückt, und einem überdachten Schutzplatz. Das Etappenziel ist erreicht: der **Monte Troodelöh.**

Nach einer Verschnaufpause von den „Strapazen" des Aufstiegs folgen wir dem Weg bergab Richtung Kettners Weiher bis zu einer Schutzhütte. Direkt hinter der Hütte führt ein kleiner Pfad hinab. Unten angekommen wenden wir uns nach rechts und kommen an einen idyllischen Teich mit einer Bank. Hier hört man langsam das Rauschen der Autobahn, die wir kurz darauf unterqueren, indem wir den Fahrradschildern Richtung Refrath folgen.

Hinter der Unterführung geht es eine kurze Strecke links auf der Brüderstraße entlang. 200 Meter weiter, hinter der Bundesanstalt für Straßenwesen, findet sich bereits der Eingang zu einem kleinen **Park,** den wir durchqueren. Wir stoßen auf die Kurt-Schumacher-Straße, auf der wir nach rechts abbiegen. Im weiteren Verlauf wird der Weg zur Ernst-Reuter-Straße und zur Buchenallee. Die Parkstraße führt uns schließlich durch das schicke **Frankenforst** nach rechts zum Belgischen Platz, wo die Straßenbahn uns nach Köln zurückfährt.

Ein idyllischer Teich lädt nach dem „anstrengenden" Aufstieg zum Entspannen ein

Ab ins Grüne – Rund um Köln & Bonn, ISBN: 978-3-945983-48-5

Korrekturhinweise

Liebe Leserinnen und Leser,
nach Redaktionsschluss haben wir noch von folgenden Änderungen erfahren:

Rheinbrohl, Seite 123: Zur Alten Mühle
Das Restaurant hat dauerhaft geschlossen.

Ahrweiler, Seite 136:
Das Museum im Weißen Turm ist dauerhaft geschlossen. Der Turm beherbergt seit 2014 eine Galerie.

Rotweinwanderweg, Seite 141: Am Weintürmchen
Das Café hat Sep./Okt. Sa/So ab 10.30 Uhr geöffnet sowie für Gruppen nach Voranmeldung.

Bad Münstereifel, Seite 144: Grugel Zinngießerei
Die Zinngießerei ist dauerhaft geschlossen.

Bad Münstereifel, Seite 146: Café Dachsbau
Das Café hat dauerhaft geschlossen.

Wir bedanken uns für die Hinweise und
bedauern die Versehen.

via reise verlag

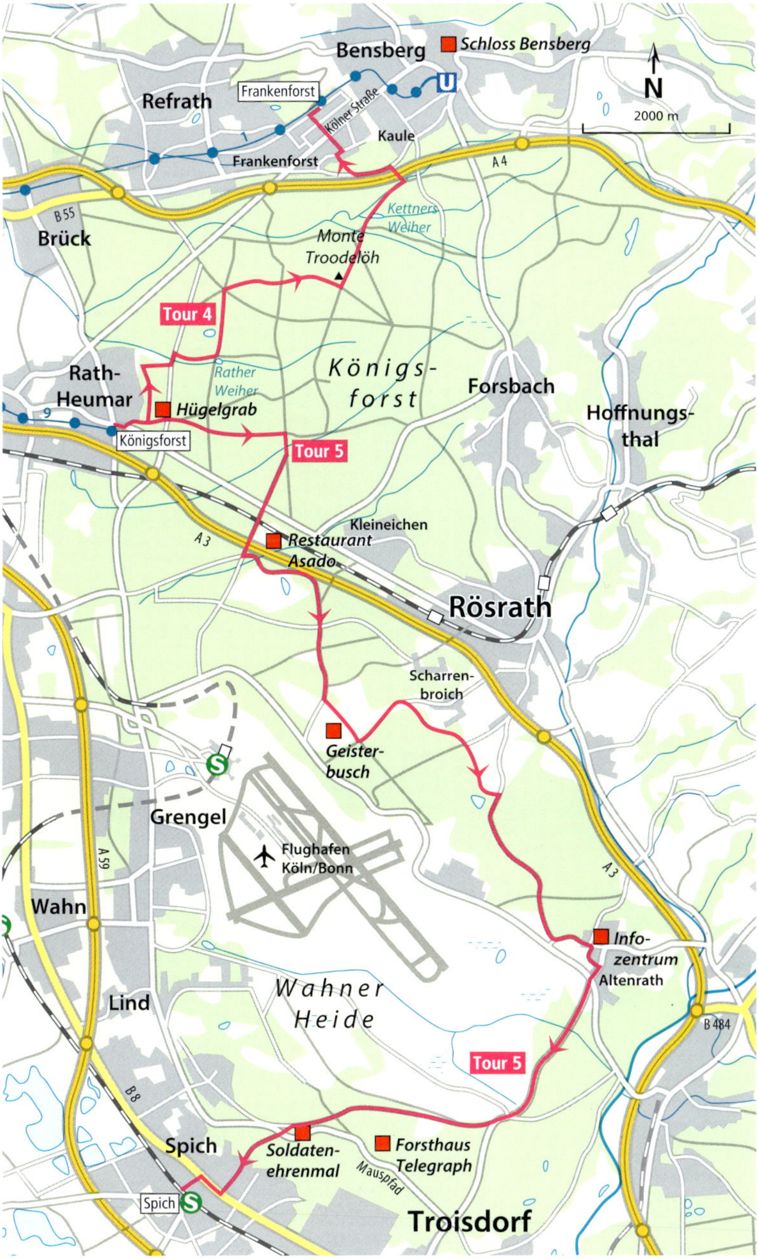
Bensberg
Schloss Bensberg
N
2000 m
Refrath
Frankenforst
Kölner Straße
Kaule
Frankenforst
A 4
B 55
Brück
Kettners Weiher
Monte Troodelöh
Tour 4
Rather Weiher
Königs-forst
Forsbach
Hoffnungs-thal
Rath-Heumar
Hügelgrab
Königsforst
Tour 5
Kleineichen
A 3
Restaurant Asado
Rösrath
Scharren-broich
Geister-busch
Grengel
Flughafen Köln/Bonn
A 59
A 3
Wahn
Info-zentrum Altenrath
Wahner Heide
Lind
B 484
Tour 5
B 8
Spich
Soldaten-ehrenmal
Forsthaus Telegraph
Mauspfad
Spich
Troisdorf

5 Wahner Heide

Durch Wald und Heide

Karte ► Seite 25

Radtour

Hinfahrt	KVB Königsforst (Linie 9), alle 10–15 Min.
Rückfahrt	S-Bhf. Spich (S12), alle 10–20 Min.
Verlauf	Rath/Heumar – Altenrath – Spich
Länge	23 km
Tipp	Kombinierbar mit Tour 4

5 000 Hektar Naturschutzgebiet mit mehr als 100 Vogelarten, rund 2 500 Käferarten und unzähligen Libellen, unter denen jedes Jahr neue Arten entdeckt werden – das ist die Wahner Heide im Südosten Kölns. Und es ist ein Paradies für Radler.

Am Anfang ist von einer Heide weit und breit nichts zu sehen, denn zunächst radeln wir durch den **Königsforst** (► Seite 22). Ab der Straßenbahnhaltestelle gleichen Namens geht es über die Kreuzung in die Forsbacher Straße, die am Ende zum radtauglichen Schotterweg wird. Hinter einer großen Waldkreuzung nehmen wir an der nächsten Gabelung halbrechts den Rath-Forsbacher Weg. An der nächsten großen Kreuzung biegen wir nach rechts in den Rennweg ab. Wir überqueren die Rösrather Straße und fahren weiter geradeaus in den Baumschulenweg. Nach dem Passieren der Schienen bietet sich ein Abstecher nach links an: Das spanische Restaurant „Asado“ ist im alten **Bahnhof Porz-Königsforst** aus dem Jahr 1890 untergebracht. Anfang der 1980er-Jahre wurde der Bahnhof aufgegeben und zum Ausflugslokal Waldhaus Königsforst umgebaut, in das vor einigen Jahren der Spanier eingezogen ist.

Ohne den Abstecher zu den spanischen Spezialitäten folgen wir hinter den Schienen dem schmalen Waldweg geradeaus, der uns über eine Autobahnbrücke führt. Nun wird der Weg wieder breiter, und an der Kreuzung geht es nach links. Kurz darauf

Restaurant Asado
Von spanischen Tapas bis zu Grillgerichten.
Baumschulenweg
51107 Köln
Tel. (0 22 05) 89 47 97
www.restaurant-asado.de
Di–Sa ab 17, So ab 12 Uhr

Wahner Heide

Eigentlich erstreckt sich die Wahner Heide über eine Fläche von 177 Quadratkilometern von der Mündung der Sieg im Süden bis zur Dhünn im Norden; auch der Flughafen Köln/Bonn gehört dazu. Das Naturschutzgebiet, das als Wahner Heide bekannt und bei den Besuchern beliebt ist, umfasst nur 37 Quadratkilometer und ist der Lebensraum von über 700 gefährdeten Tierarten wie dem Neuntöter, der Gelbbauchunke und der Kreuzkröte. Bis 2004 dienten weite Teile der Heide den belgischen Streitkräften als Truppenübungsplatz. Eine lange Tradition: Bereits 1817 hat das preußische Militär das Gebiet zu Manöver- und Übungszwecken genutzt. Der Militärbetrieb verursachte zwar ökologische Schäden, verhinderte andererseits aber auch die Ausbreitung von Bauland. Im Jahre 1978 wurde das militärische Sperrgebiet an den Wochenenden für Erholungssuchende geöffnet, seit 2004 kann man das Gebiet täglich bewandern – solange man auf dem markierten Wegenetz bleibt, denn in der Erde findet sich an vielen Stellen noch Munition.

Blütenpracht in der Wahner Heide

bietet ein Aussichtspunkt mit Bank einen ersten Blick auf die Heidelandschaft. Vorerst leitet uns der Weg aber weiter durch den Wald.

Bald entfernen wir uns nun Richtung Süden immer mehr von den Verkehrsgeräuschen. Auf dem Wolfsweg halten wir uns an mehreren Kreuzungen immer geradeaus, bis der Wald langsam lichter wird und die Heide beginnt. Am Waldende stoßen wir auf die erste Infotafel des **Naturschutzgebietes Wahner Heide** – viele weitere werden folgen.

An der Infotafel biegen wir nach links ab und gelangen in den **Geisterbusch,** wo früher Hexen und Gespenster gehaust haben sollen. Heute ist die Heide ein Paradies für Naturfreunde: Seltene Pflanzen wie Ginsterwürger gedeihen auf den Weiden, auf denen Ziegen, Esel, Glanrinder und Wasserbüffel grasen. Heidepflanzen wie die Erika blühen hier im Spätsommer.

Auf sandigem Boden geht es bis zum Ende der offenen Landschaft, wo wir links abbiegen. Anschließend halten wir uns immer geradeaus auf dem Hauptweg, mit mal mehr, mal weniger Bäumen sowie saftiggrünen Wiesen als Begleiter. Am

Wolfsheideweg machen wir einen Schlenker nach links und sofort wieder nach rechts und folgen dem schmalen Hasbacher Weg bis zur Straße, wo wir uns rechts Richtung Altenrath halten. Am Sackgassenschild biegen wir nach rechts, bis wir zu einer weiteren Sackgasse gelangen. Hier halten wir uns links und kommen durch eine Absperrung nach **Altenrath** hinein. Hier befindet sich das **Infozentrum Wahner Heide.** In einem kleinen Fachwerkhäuschen finden Besucher Karten und Bücher über das Naturschutzgebiet, geschulte Mitarbeiter liefern Tipps zu Spaziergängen und Radtouren, und ein 1 000 Quadratmeter großer Schaugarten gibt einen Überblick über die Vielfalt der Wahner Heide.

Gegenüber dem Infozentrum biegen wir in die Straße Rübkamp ein. An der Bushaltestelle geht es rechts bis zum Kreisel, wo wir links der Straße auf einem Rad- und Fußweg weiter geradeaus fahren. Gegenüber dem Eisenweg, auf der anderen Straßenseite, nehmen wir den Betonweg nach links. Wir bleiben immer auf dem Hauptweg, wo Schilder davor warnen, auf dem Militärgelände die Wege zu verlassen. Wer einen Blick in die offene Heide werfen möchte, sollte sich also einen der offiziellen Wege rechter Hand aussuchen. Linker Hand lohnt ein Abstecher in den Rabeneichsweg. Dieser führt, wenn wir uns immer geradeaus halten, direkt zum **Forsthaus Telegraph.** Früher haben hier die Telegrafisten Pause gemacht und geschlafen.

Zurück auf dem Eisenweg biegt dieser bald nach rechts ab, wir bleiben jedoch geradeaus auf dem König-Baudouin-Weg, bis wir an einen etwas verdeckten Grabstein – ein **Soldaten-Ehrenmal** – am linken Wegesrand gelangen. Rechts zweigt hier der Weg „Zu den Wickelstöcken" ab. Am Grabstein biegen wir nach links, überqueren den Mauspfad und fahren die Asselbachstraße hinab. Wir folgen dieser Straße, die eine kleine Rechts-Links-Wendung macht, durch eine Wohngegend, bis wir auf die Hauptstraße stoßen. Nach rechts geht es bis zu einer Ampel, an der links die schmale Niederkasseler Straße abzweigt. Diese führt uns geradewegs zur S-Bahnhaltestelle Spich.

via Tipp

Infozentrum Wahner Heide
Wie vielfältig die Wahner Heide ist und welche Naturschätze sich in ihr verbergen, erfährt man erst bei einem Besuch des Infozentrums in Troisdorf.
Flughafenstraße 33
53842 Troisdorf
Apr.–Okt. So/Fei 10–17 Uhr

Restaurant Forsthaus Telegraph
Gemütliches Restaurant mit schöner Gartenterrasse mitten im Wald.
Mauspfad 3
53842 Troisdorf
Tel. (0 22 41) 7 66 49
www.forsthaus-telegraph.de
Mi–Fr ab 18,
Sa/So/Fei 12–15 und ab 18 bzw. 17.30 Uhr

6 Weißer Bogen
Auenwald & Streuobstwiesen

Karte ▸ Seite 33

Spaziergang

Hinfahrt	KVB Sürth Bhf. (Linie 16), alle 10–15 Min.
Rückfahrt	Bus-Hst. Weiß Friedhof (Linie 131), alle 20–30 Min. oder KVB Michaelshoven (Linie 16)
Verlauf	Sürth – Rodenkirchen-Weiß – Weißer Bogen – Rodenkirchen-Weiß – Sürth
Länge	12 km

Ganz im Süden von Köln lockt ein Stückchen Natur, das es in sich hat: der Weiße Bogen. Hier trifft der Rhein auf einen einzigartigen Auenwald, durch den man schöne Spaziergänge machen kann. Kaum zu glauben, dass man sich in dieser Idylle noch auf Kölner Stadtgebiet befindet.

Nach Rodenkirchen-Weiß fährt nur ein Bus und keine Straßenbahn. Daher beginnen wir unsere Tour auch bereits in Sürth, wohin wir problemlos mit der Linie 16 gelangen. An der Haltestelle wenden wir uns nach rechts in die Falderstraße, die uns Richtung Rhein führt. Über die Sürther Hauptstraße hinweg geht es in die Frohnhofstraße, und das Rheinpfädchen leitet uns auf den Leinpfad, dem wir linker Hand folgen.

An der **Rheinpromenade** bietet sich direkt am Anfang der Tour eine Rast an: Auf der Terrasse des **Sürther Bootshauses** können wir bei Speis und Trank die vorbeifahrenden Schiffe beobachten. Anschließend folgen wir weiter dem Leinpfad, bis wir nach **Rodenkirchen-Weiß** gelangen. Vom Ufer aus sehen wir bald die **Kirche St. Georg.** Das Besondere des Gotteshauses ist seine Terrasse, von der man einen weiten Blick über den Rhein genießt. Eine Schifferlaterne leuchtet in einem Kirchenfenster, das an ein Bullauge und damit an das ehemalige Schifferdorf Rodenkirchen erinnert.

Ein paar Meter weiter, in einer Nische der Hochwasserschutzmauer, schaut der **Heilige Maternus,**

Sürther Bootshaus
Hausmannskost bei einem Blick auf die vorbeifahrenden Schiffe.
Sürther Leinpfad
50999 Köln
Tel. (0 22 36) 6 97 03
www.suertherbootshaus.de
Mo–Sa ab 11, So ab 10 Uhr

Schutzpatron vor Hochwasserfluten und zugleich Schutzheiliger von Rodenkirchen, auf uns herunter. Bereits im Jahr 1773 stellten Karthäusermönche an dieser Stelle eine Heiligenstatue auf, die heutige Figur stammt aus dem Jahre 1992. Hier führt auch eine Treppe zur **Weißer Hauptstraße** hinauf, die man nicht verpassen sollte. Hier finden sich noch zahlreiche ein- und zweigeschossige Giebelhäuser aus Backstein und Fachwerk. Die meisten von ihnen sind ehemalige Fischerhäuser, die heute mit bunten Fensterläden, pflanzenberankten Hausfassaden und üppigen Blumenbeeten den historischen Ortskern schmücken. Auf der Weißer Hauptstraße steht auch die **Kapelle St. Georg.** Der winzige Innenraum der Kapelle ist über und über geschmückt mit Wand- und Deckenmalereien, deren Vorbilder italienische Wandgemälde aus dem 14. Jahrhundert waren.

Wir laufen zurück zum Rhein und folgen dem Uferweg bis zur Fähranlegestelle, wo – vor allem in den Sommermonaten – täglich Dutzende Fahrgäste mit dem „Krokodil" oder dem Schwesterschiff „Krokolino" auf die andere Rheinseite nach **Zündorf** befördert werden. Auf das „Krokodil" passen gera-

Mit dem Krokodil geht's nach Zündorf und auf die Freizeitinsel Groov

Vorbei an idyllischen Pferdewiesen geht es in den Auenwald

de einmal 18 Fahrgäste, und die gemütliche Fahrt auf die Freizeitinsel **Groov** lohnt sich allemal, sofern man ein, zwei Stunden Zeit hat. Hier erwarten den Besucher malerische Fachwerkhäuschen am Marktplatz mit Eis-Café, Weinstube, Pizzeria und alteingesessenen Traditionsgaststätten, darüber hinaus ein Minigolfplatz, Tennisplätze, ein Basketballplatz, ein Tretbootverleih und das Zündorfbad mit Außenschwimmbädern und Saunabereich.

Wir setzen unseren Spaziergang durch den Weißer Bogen fort, indem wir am Schiffsanleger die Uferstraße links hinaufgehen. Diese führt uns an idyllischen Pferdewiesen vorbei in den Wald hinein. Der **Auenwald** wurde erst in den 1960er-Jahren angelegt, als sich die Stadt dazu entschloss, aus dem Ort ein Naherholungsgebiet zu machen. Wegen regelmäßiger Überflutungen pflanzte man einen Auenwald mit Buchen, Eichen, Eschen, Ahorn, Vogelkirsche und Hybridpappeln.

Wir bleiben immer weiter geradeaus auf dem Hauptweg, bis wir zu einer grünen Grundwassermessstelle gelangen. Hier biegen wir rechts ab und halten uns an einer Gabelung wiederum rechts. Kurz darauf geht rechter Hand ein unscheinbarer welliger Pfad ins Gebüsch hinein. Am Ende des Pfades erwartet uns eine Überraschung: Ein verwunschener **Froschteich** liegt, von außen nicht einsehbar, inmitten der hohen Bäume. Selbst vielen alteingesessenen Rodenkirchenern ist dieses lauschige Plätzchen unbekannt.

Nach diesem beschaulichen Abstecher gehen wir zurück bis zur Messstelle und folgen dem Weg immer weiter geradeaus bis zum Waldrand. Hier wenden wir uns nach rechts und laufen über die offenen Streuobstwiesen, die sich immer wieder mit kleineren Waldstücken abwechseln. So gelangen wir auf den Auenweg und halten uns dort an der Gabelung rechts. Wer nun Hunger verspürt, sollte Rodenkirchens Geheimtipp aufsuchen: Wenn man an der asphaltierten Uferstraße nach rechts abbiegt, stößt man auf das thailändische **Restaurant Sala Rim Naam,** das authentische Currys und leckere Cocktails auf der Karte hat.

Restaurant Sala Rim Naam
Leckere thailändische Küche und Cocktailkarte.
Uferstraße 63
50996 Köln
Tel. (02 21) 9 35 68 12
Mo–Fr ab 17.30,
Sa/So ab 12 Uhr

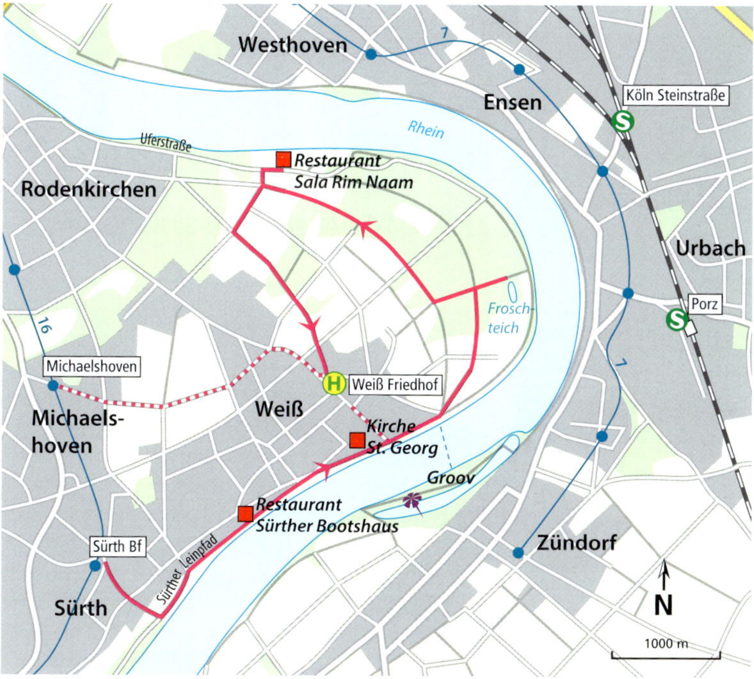

Derart gestärkt geht es die Uferstraße zurück zum Auenweg, den wir überqueren, und weiter geradeaus, bis wir auf die Straße „Unterer Weißer Weg" stoßen, in die wir nach links einbiegen. Für die schnelle Pause bietet sich hier auch das Café des Tennisheims mit Terrasse an. Die Straße mündet schließlich im Weißer Unterkölnweg, dem wir bis zur Weißer Hauptstraße folgen. Hier befindet sich direkt die Bushaltestelle der Linie 131, die uns zum Sürther Bahnhof zurückfährt.

Wer noch Luft für zwei zusätzliche Kilometer hat, kann auch laufen: Auf der Weißer Hauptstraße nach rechts gehend, stoßen wir bald linker Hand auf zwei Fußwege. Der zweite führt uns auf den Kunibertweg. Dieser mündet in die Kantstraße, die bis zur Hammerschmidtstraße verläuft. Halb links nehmen wir den Weg über das Feld und gelangen, an einer Halle vorbei, zur Straße „Am Tannenhof". Am Ende befindet sich die Haltestelle der Linie 16.

7

Köln – Pulheim

Karte ▸ Seite 37

Vier Seen und ein Bach

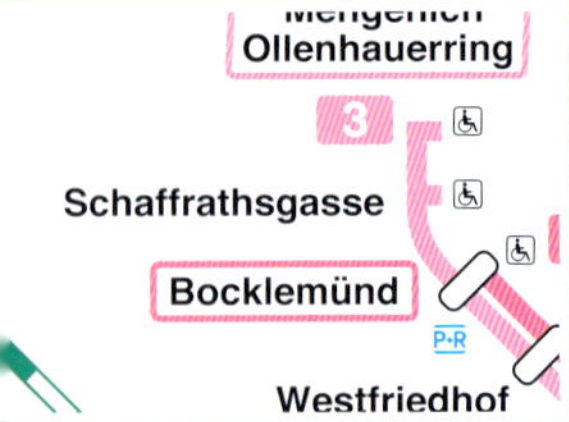

Radtour

Hin- & Rückfahrt	KVB Schaffrathsgasse (Linie 3), alle 30 Min.
Verlauf	Bocklemünd – Pescher See – Stöckheimer See – Escher See – Pulheimer See – Bocklemünd
Länge	20 km

Wer hätte gedacht, dass in Köln und der Nachbarstadt Pulheim auf einer Tour gleich vier Seen auf den Radelfreund warten? Und als Extra gibt es gleich noch einen märchenhaften Bach in einem Naturschutzgebiet dazu.

Wir starten in Bocklemünd von der Straßenbahn-Haltestelle Schaffrathsgasse. Wer nicht weit vom Stadtteil Bocklemünd entfernt wohnt, kann auch direkt zur Haltestelle radeln. Hier folgen wir dem Rad- und Fußweg parallel zu den Schienen in Fahrtrichtung der Bahn. Nach der Endhaltestelle folgen wir weiter dem Kölner Grüngürtel geradeaus, bis wir links in den Buschweg abbiegen. Die nächste Straße geht es rechts in Richtung Esch/Auweiler. Hier heißt es aufpassen: Bevor wir die Autobahnunterführung erreichen, zweigt rechts ein Feldweg ab. Hier ist der **Nüssenberger Busch** ausgeschildert. Wer mag, kann hier zu Fuß einen Abstecher zum Wald machen: Einfach am Infoschild zum Landschaftsschutzgebiet das Fahrrad abstellen und auf der linken (!) Seite der Straße ein Stück in den Wald hineinlaufen. Der Nüssenberger Busch ist der älteste Laubmischwald im linksrheinischen Köln. Im 200-jährigen Altwald befinden sich unter anderem mächtige Buchen, und im Frühjahr ist der Boden übersät mit Buschwindröschen.

Doch nun zurück aufs Rad. Wir setzen unsere Tour fort und unterqueren die Autobahn. Wo sich Pescher Weg und Mengenicher Straße treffen, fah-

Im Sun Down Beach Club am Escher See kommt Urlaubsfeeling auf

ren wir geradeaus und folgen dem Fahrradweg bis zum **Pescher See.** Am Südufer geht es nun in westliche Richtung am Pescher See entlang, bis der Weg sich am Ende des Sees teilt. Wir folgen dem linken und schieben unser Rad auf einem Trampelpfad durch die Büsche. Über die Straße hinweg geht es in den Stöckheimer Weg, der uns zum **Stöckheimer See** führt. Am nächsten Abzweig geht es rechts zum ehemaligen Vierkanthof **Stöckheimer Hof,** der zu Wohnzwecken umgebaut wurde. Einst gab es dort einen Aussichtsturm, den der damalige Besitzer des Hofs 1835 bauen ließ, um den Baufortschritt am Kölner Dom beobachten zu können. Vor dem Hoftor biegen wir links in den kleinen Weg, der bald in einen größeren einbiegt. Durch die Felder hindurch radeln wir zurück zum Pescher See, den wir nach der Überquerung der nächsten Straße wieder erreichen. Geradeaus geht es weiter am See entlang.

Bevor wir die Pescher Straße nehmen, biegen wir nach rechts ab und folgen weiter dem Radweg, denn hier erwartet uns nach wenigen Hundert Metern ein netter **Strand.** Baden ist hier zwar verboten, aber für eine Verschnaufpause ist das sandige Ufer wie gemacht. Zurück geht es zur Pescher Straße, in die wir rechts einbiegen. Vorbei am Sportplatz des FC Esch folgen wir kurz darauf der Escher Straße nach links. Hinter Bäumen versteckt sich hier schon der **Escher See.** Einen schöneren Blick haben wir vom „Sun Down Beach Club" am Badesee. Hier bietet sich ein erfrischender Sprung ins Wasser an.

Sun Down Beach Club
Chilliger Beach Club am Badesee, für die ganze Familie.
Am Baggerfeld 4
50767 Köln
www.sundown-beach.de
Tgl. 10–22 Uhr bei gutem Wetter
5 €, Kinder bis 13 Jahre 3 €

Unser Weg führt uns am naturbelassenen Pulheimer Bach entlang

Nach dem Bad folgen wir neben dem Clubeingang dem kleinen Weg durchs Grün parallel zur Straße, halten uns an der Gabelung rechts und gelangen zur Straße Am Braunsacker. Einmal links und zweimal rechts und schon stehen wir an der großen Straße Am Baggerfeld, auf der wir nach links den Ortsteil Esch durchqueren. Am Kreisverkehr nehmen wir die dritte Ausfahrt. Sie führt uns aus Esch hinaus durch Felder bis nach Orr. Dieser Weiler besteht nur aus zwei Höfen, einer davon mit einem Hofladen, und dem **Haus Orr.** Das Rittergut wurde 2003 wurde unter Denkmalschutz gestellt. Für Besucher ist es nur am Tag des offenen Denkmals und zu Konzertveranstaltungen offen. Vom Zaun aus kann man jedoch einen guten Blick auf das Herrenhaus und die Parkanlage werfen.

Wir fahren weiter bis zum Ortseingang von Pulheim, überqueren die Ampel und nehmen hinter der kleinen Brücke den zweiten Radweg nach links am Kanal entlang. Der Weg stößt nach einer Weile wieder auf die Straße, die wir erneut an der Ampel überqueren. Hier beginnt der Radweg am Pulheimer Bach entlang. Wir kreuzen den Bach an einer Brücke, halten uns zweimal links und gelangen in das **Naturschutzgebiet Große Laache.** Hier nehmen wir den Weg in das Wäldchen hinein, in ein kleines Paradies: Am naturbelassenen Bach unter schattigen Bäumen zwitschern zur richtigen Jahreszeit die Vögel und quaken die Frösche.

An der Kreuzung kommen wir schon wieder aus dem Wald heraus und biegen kurz nach links. Hier lädt eine Beobachtungskanzel ein, die Tierwelt am Auensee in der Großen Laache zu beobachten. Im Sommer fällt die ehemalige Rheinaue, die heute nur noch vom Pulheimer Bach gespeist wird, trocken. Zurück an der Kreuzung aus dem Wald heraus nehmen wir den leicht aufsteigenden Abzweig, der kurz darauf scharf rechts abbiegt. Oben geht es links durch die Poller hindurch, und schon haben wir das nächste Wasser erreicht. Auch der **Pulheimer See** versteckt sich größtenteils hinter dichten Büschen, aber am Ende des Weges befindet sich eine Aussichtskanzel. Hier am Parkplatz biegen wir links in die Straße ein und folgen dem Radweg, der uns auf die Venloer Straße führt.

Am Fußüberweg hinter der Autobahn fahren wir links nach Widdersdorf und folgen dem Straßenverlauf „Auf dem Paulsacker". Parallel zur Autobahn gelangen wir an einen Kreisel, an dem wir links abbiegen. Nach kurzer Zeit passieren wir das **Produktionsgelände des Westdeutschen Rundfunks,** wo zum Beispiel die „Lindenstraße" gedreht wird. Werkstätten, die Außenkulisse und die Fernsehstudios können samstags um 11 und 14 Uhr nach Anmeldung auf der WDR-Website besichtigt werden. Auf unserer Weiterfahrt überqueren wir die Ampel hinter den Schienen und biegen rechts an einem alten Hof in die Andreas-Muhr-Straße ein. Am Militärring angekommen, liegt linker Hand wieder die Haltestelle Schaffrathsgasse.

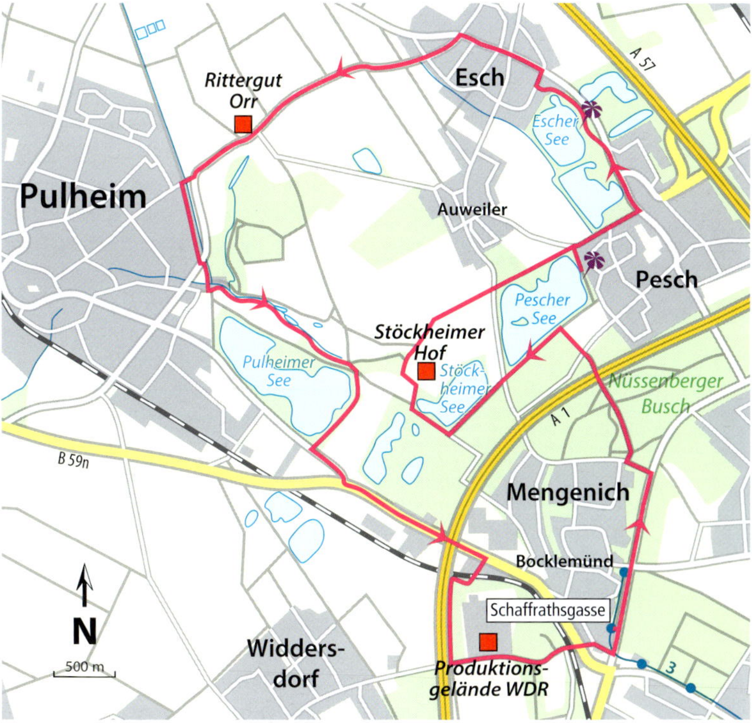

8 Glessener Höhe

Karte ▸ Seite 41

Treppauf zur schönen Aussicht

Wanderung

Hin- & Rückfahrt	S-Bhf. Frechen-Königsdorf (S13/19), alle 20–30 Min.
Verlauf	Klein-Königsdorf – Königsdorfer Wald – Glessener Höhe – Klein-Königsdorf
Länge	12 km

Um Köln von oben zu betrachten, gibt es im Rheinland wegen fehlender Berge nicht viele Möglichkeiten. Ein genügend hoch gelegener Ort findet sich jedoch direkt vor den Toren Kölns und bietet eine schöne Aussicht über die Domstadt und weit darüber hinaus: die Glessener Höhe.

Vom Bahnhof **Königsdorf** aus kann man den Bus 980 nach Kleinkönigsdorf nehmen, der allerdings am Wochenende nicht allzu häufig fährt. Wer also keine Lust auf Warten hat, kann die rund 2 Kilometer lange Strecke auch laufen. Dazu wenden wir uns vom Bahnhof aus rechts auf die Aachener Straße. Am Kreisverkehr biegen wir links in die Brauweiler Straße, bis wir wiederum links über den Freimersdorfer Weg über die Felder laufen. Am Ende des asphaltierten Feldwegs sehen wir bereits die Haltestelle, ab der die Busfahrgäste ihre Wanderung starten.

An der Bushaltestelle biegen wir direkt links in die Waldstraße ab, die ihrem Namen alle Ehre macht, denn sie führt den Wanderer direkt in Richtung Königsdorfer Wald. Durch die alte Dorfstraße mit einigen schmucken Fachwerkhäusern geht es bis zum Kreisel und weiter geradeaus auf der Widderstraße, die zum Waldrand hin bereits leicht ansteigt. Am Kreisel lohnt zuvor noch ein Blick auf das **Ziegendenkmal,** das an die einst hiesigen Ziegenzüchter erinnert, sowie auf die **Rosenkranzkapelle,** die zwischen 1920 und 1947 von einem Kleinkönigsdorfer Künstler erbaut wurde.

Die Karte am Wanderparkplatz am Ende der Widderstraße zeigt, dass viele Wege durch den Wald führen. Wir entscheiden uns für den Hauptweg, der geradeaus ins Grüne hineinführt. An Buchen, Birken und Tannen vorbei gelangen wir bald zur **Königsdorfer Hütte,** unter deren Holzdach man eine erste Rast einlegen kann. Der zweite Rastplatz ist allerdings nicht weit entfernt: Über den Wanderweg mit der Markierung A2 geht es nach rechts bis zur **Dansweiler Hütte.** Über einen kleinen Schlenker nach links und wieder nach rechts gelangen wir auf den asphaltierten Wanderweg, dem wir bis zur nächsten Kreuzung folgen. Hier treffen verschiedene Pfade aufeinander. Wir folgen weiter dem Wanderweg A2 und nehmen direkt nach der Kreuzung den zweiten Abzweig. Parallel zu unserem Weg verläuft ein Reitweg, denn der Königsdorfer Wald ist auch ein beliebtes Reitgebiet.

Nach etwa 500 Metern haben wir dann den ersten Aufstiegspunkt erreicht: Die **Himmelsleiter** führt über 222 Holzstufen auf die nächsthöhere Ebene des Waldes. Die Treppe hat es in sich. Sie wird deshalb von zahlreichen Sportlern – darunter war auch schon die deutsche Frauenfußballnationalmannschaft – zum Ausdauertraining genutzt. Gut, dass an der Spitze wieder eine Holzhütte zum Verschnaufen einlädt. Sie trägt den bezeichnenden Namen „An der Himmelsleiter“.

Wenn wir wieder zu Atem gekommen sind, setzen wir unseren Weg nach rechts fort und folgen dem Hinweisschild „Gipfelkreuz“. Durch lichten Wald geht es stetig bergan, an der Weggabelung halten wir uns links. Schließlich erreichen wir ein weites Feld und wandern an dessen Rand entlang. Kurz nach der nächsten Weggabelung, an der wir uns wieder links

Gipfelkreuz auf der Glessener Höhe

Glessener Höhe

Auch wenn man es der Erhebung heute nicht mehr ansieht: Die Glessener Höhe ist eine ehemalige Halde. Die umliegenden Braunkohletagebaugebiete haben ihren Abraum hier gelagert. Heute ist die künstlich errichtete, rekultivierte Anhöhe mit ihren 204 Metern der höchste Punkt auf dem Villerücken. Der Höhenzug erstreckt sich zwischen der Eifel im Süden und der Erft im Westen. Im Norden grenzt die Ville an die Städte Grevenbroich und Pulheim, im Osten an Köln, Brühl und Bonn. Das weitläufige Waldgebiet ist Teil des Naturparks Rheinland.

halten, führt auch schon die nächste Treppe eine weitere Ebene hinauf. Nach noch einmal 174 Stufen ist das Ziel unserer Wanderung erreicht: die **Glessener Höhe.**

Wer sich nun kaum noch auf den Beinen halten kann, hat Glück: Neben dem Gipfelkreuz steht eine bequeme Holzbank, von der aus man das herrliche Panorama genießen kann. Über die Felder im Rhein-Erft-Kreis hinweg haben wir einen unverbauten Blick auf die Domstadt. Der Kölner Dom, der Fernsehturm Colonius, das Uni-Center und viele weitere markante Bauten sind von hier oben auszumachen. Bei klarem Wetter reicht der Blick bis weit ins Bergische Land hinein sowie im Süden bis ins Siebengebirge.

Nach einem Eintrag ins Gipfelbuch setzen wir den Weg fort und erkunden die Glessener Höhe. Wir folgen dem Weg nach rechts an einer kleinen Schonung vorbei, bevor sich ein weites **Plateau** vor den Wanderern öffnet. Auf den Feldern lassen sich gut Rehe, Greifvögel und andere Tiere beobachten. Je nach Lust und Laune kann man dem Weg am Feld entlang bis zum ersten Abzweig an einer Baumreihe folgen oder bis zum zweiten Abzweig rund 500 Meter weiter laufen. In beiden Fällen führt linksherum der Rundweg zurück zur Treppe. Der Abstecher lohnt allemal: Auf der Westseite des

Plateaus geht der Blick über die Börde bis in die Ausläufer der Eifel hinüber. Ein Fernglas lohnt sich.

Schließlich beginnen wir den Abstieg. Vom Gipfelkreuz geht es erst die Treppe hinab, dann den bekannten Weg zurück und die Himmelsleiter hinunter. Unten angekommen, wählen wir nicht den bekannten Pfad durch den Wald, sondern den Weg geradeaus, an dessen Ende schon der Waldrand zu erkennen ist. Eine letzte Pause ist an der **Glessener Hütte** möglich, bevor es am Waldrand zurück nach Königsdorf geht. Auch hier schweift der Blick immer wieder hinüber nach Köln, das bei gutem Wetter zum Greifen nah erscheint.

Wo der Waldrand einen Knick nach rechts macht, folgen wir dem Weg geradeaus auf den Ortsrand zu. Wir überqueren den Triftweg und gehen die Greinstraße hinab bis zur bekannten Waldstraße und die letzten Meter auf der dörflichen Straße zurück zur Bushaltestelle Kleinkönigsdorf. Hier warten wir entweder auf den Bus oder gehen den bekannten Feldweg zurück zum Bahnhof Königsdorf.

9

Horrem – Erftstadt

Flussaufwärts per Rad

Karte ▸ Seite 44

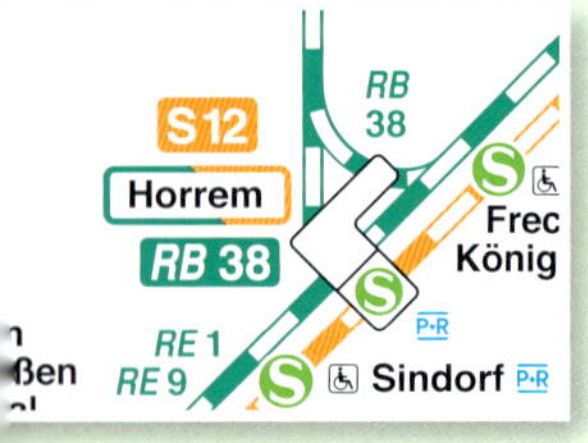

Radtour

Hinfahrt	S-Bhf. Horrem (S13/19), alle 20–30 Min.
Rückfahrt	Bhf. Erftstadt, RB, alle 30 Min.
Verlauf	Horrem – Schloss Türnich – Erftstadt-Liblar
Länge	17 km

Gemächlich plätschert die Erft dahin, während wir dem Fluss gegen den Strom folgen. Auf der abwechslungsreichen Radtour laden zwei Schlösser und ein informativer Aussichtspunkt zu Zwischenstopps ein.

Vom Bahnhof Horrem geht es nur ein paar Meter rechts die Bahnhofstraße entlang, bevor wir die Hauptstraße erreichen, wo man sich mit letztem Proviant eindecken kann. Der trubeligen Straße folgen wir aber nur kurz: Direkt hinter der **Christus-König-Kirche** geht es nach rechts in die Dechant-Buff-Straße, die bald zur Adenauerstraße wird und auf der wir bis zum Waldrand bleiben. Dort biegen wir links ab in die Rote-Kreuz-Straße und radeln unter den schattigen Bäumen bis zu einem Parkplatz.

An den Glascontainern tauchen wir schließlich in den Wald ein. Auch wenn hier bereits ein Wegweiser nach Türnich zeigt, fahren wir zunächst geradeaus, bis wir den Wald durchquert haben. Wir überqueren mehrere Nebenarme der Erft und biegen am Waldausgang nach links. Von hier an folgen wir der Erft entgegen der Flussrichtung.

Der Weg ist kaum zu verfehlen, auch wenn wir die Erft manchmal aus den Augen verlieren. An einer Gabelung nehmen wir das linke Wegstück und nicht die asphaltierte Straße, die zu einer Sackgasse wird. Zurück am Fluss geht es bis zur nächsten Brücke, die wir überqueren, um uns für kurze Zeit

Schloss Gracht

Das Wasserschloss Gracht besteht aus zwei Teilen: einer dreiflügeligen Vorburg und einem zweiflügeligen Herrenhaus. Es gehörte bis 1945 der Familie Wolff-Metternich, aus deren Reihen zum Beispiel Franz Arnold von Wolff-Metternich zur Gracht, der Fürstbischof von Paderborn, stammte (geboren 1658). Im Jahre 1829 war das Schloss Geburtsort des Freiheitskämpfers und späteren US-Innenministers Carl Schurz. Heute beherbergen die Schlossmauern eine internationale Managementschule, sodass das Wasserschloss nur von außen zu besichtigen ist.

vom Fluss zu entfernen und durch einen Wald zu radeln: den **Parrig.**

Das Gebiet des Kerpener Parrigs ist nur ein kleiner Teil des ursprünglichen Auenwaldes der Erft, der bis heute erhalten ist. Der Tagebau hat durch Grundwassersenkungen einen Großteil der Aue zerstört. Übriggeblieben sind einige naturnahe Hart- und Weichholzauen aus Eichen, Ulmen und Erlen. Sie sind der Lebensraum für viele heimische Pflanzen und Tiere, darunter Nachtigall, Eisvogel, Schwarzspecht und Graureiher. Der Parrig ist eines der ältesten Naturschutzgebiete im Bereich des nördlichen Ville-Braunkohlereviers.

An einer Pferdekoppel folgen wir rechts den Schildern nach Erftstadt. Bevor wir an den Fluss

via Tipp

Café Schloss Türnich
Leckere selbst gemachte Kuchen und Obstsäfte in traumhafter Kulisse.
50169 Kerpen-Türnich
Tel. (0 22 37) 97 46 91
www.schloss-tuernich.de/cafe
Mi–So 10.30–18 Uhr

zurückkehren, lohnt an der Autostraße ein Abstecher nach links zum **Marienfeld,** einem ehemaligen Tagebaugebiet, wo 2005 beim Weltjugendtag Papst Benedikt XVI. vor über einer Million Gläubigen den Abschlussgottesdienst gehalten hat. Heute informieren Infotafeln über das Marienfeld und die ehemalige Ortschaft Mödrath, die dem Tagebau weichen musste.

Zurück, am Herrenhaus **Burg Mödrath** vorbei, das sich hinter hohen Zäunen gegen die Blicke der Besucher schützt, gelangen wir wieder an die Erft, die wir nun linker Hand entlangfahren. Bald erreichen wir den ersten lohnenden Rastplatz: das **Schloss Türnich.** Das barocke Wasserschloss gehört zu den kunstgeschichtlich wertvollsten Schlössern der Region. Auch wenn das Schloss zurzeit nicht bewohnbar ist, erahnt man noch den Glanz vergangener

Zeiten. Zur Anlage gehört nicht nur ein wunderschöner, verwilderter Schlosspark, der ebenfalls einen Rundgang wert ist, sondern auch ein Demeter-Obstpark, mit dessen Früchten das Café seine guten Kuchen und Säfte zubereitet. Mit Blick auf Herrenhaus, Wassergraben, Torbogen und Blumengarten kann man die Zeit schnell vergessen.

Nach einer ausgiebigen Pause geht es linker Hand weiter an der Erft entlang flussaufwärts. Wer vom Radweg oder von einer der Brücken aus genau hinschaut, kann Fische, Frösche und Vögel, darunter Fischreiher und Eisvögel, im und am Wasser entdecken. Wir bleiben lange auf dem Uferweg, überqueren schließlich einige von Autos befahrene Straßen, die nach **Gymnich** und **Dirmerzheim** führen.

Nach der Autobahnunterführung biegen wir links auf die Bundestraße 265 in Richtung Innenstadt von **Erftstadt-Liblar.** Nach circa 800 Metern gelangen wir zum **Schloss Gracht,** einem der ältesten Schlösser von Nordrhein-Westfalen.

Wir umrunden den Wassergraben des Schlosses und folgen an der Westseite, dort, wo sich die restaurierte Zugbrücke befindet, einem kleinen Wegweiser Richtung Villeseen. Weitere Wegweiser führen uns durch den Schlosspark, den wir schließlich an einem Kreisverkehr verlassen. Auf der Bahnhofstraße, die bald einen Rechtsknick macht, kommen wir zum Bahnhof von Liblar.

Wer von hier aus noch nicht den Heimweg antreten möchte und Lust auf eine Wanderung hat, kann noch einen Abstecher zum **Naturpark Villeseen** machen. Am Ende der kurzen Straße namens Wassersportallee findet sich eine Karte mit über einem Dutzend Rund- und Hauptwanderwegen zwischen 3 und knapp 18 Kilometern. Spätestens nach dieser letzten Runde durch den Wald und an den Seen entlang haben wir uns einen kühlen Schluck im **Waldbiergarten** nahe des Bahnhofs verdient.

Schloss Gracht
Fritz-Erker-Straße 1
50374 Erftstadt
www.schlossgracht.de

Waldbiergarten
Starkbiersorten frisch vom Fass, deftige Küche, Kinderspielecke.
Grubenweg 8
50374 Erftstadt-Liblar
Tel. (01 72) 2 52 00 26
www.waldbiergarten.eu
Mi–Fr ab 16, Sa ab 14, So/Fei ab 10 Uhr

Schloss Türnich ist von einem wild-romantischen Schlosspark umgeben

10 Brühl
Von Schloss zu Schloss

Karte ▸ Seite 53

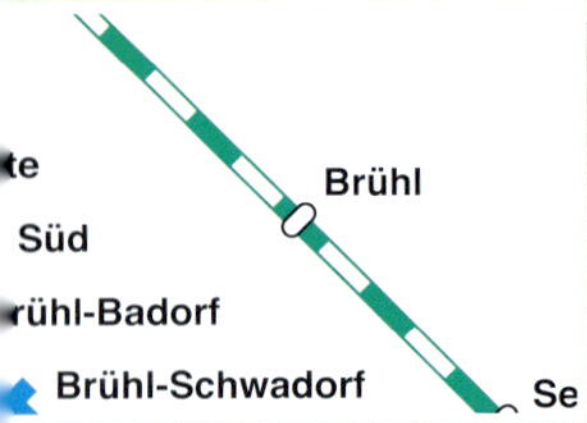

Spaziergang

Hin- & Rückfahrt	Bhf. Brühl, RB, dreimal stündl.
Verlauf	Schloss Augustusburg – Schloss Falkenlust – Schloss Augustusburg
Länge	5 km
Tipp	Kombinierbar mit Tour 11

Auf diesem Ausflug lassen sich Kultur und Natur hervorragend miteinander kombinieren: Wir besuchen das UNESCO-Weltkulturerbe mit seinen zwei Schlössern und seiner weitläufigen Parkanlage, die die beiden architektonischen Schätze des Rokoko miteinander verbindet.

Kaum tritt man aus dem Bahnhofsgebäude **Brühl** heraus, fühlt man sich in die Vergangenheit versetzt: Nur ein paar Schritte, und ein großes schmiedeeisernes Tor leitet den Besucher direkt zum **Schloss Augustusburg,** der Lieblingsresidenz des Kölner Kurfürsten und Erzbischofs Clemens August aus dem Hause Wittelsbach.

Bevor wir also den Spaziergang durch den Park beginnen, bestaunen wir den Glanz vergangener Zeiten in den Schlossräumen. Man kann sie bei einer normalen Führung besichtigen oder an einer der Themenführungen teilnehmen, die zum Beispiel die Wohnkultur oder prominente Besucher des Schlosses als Schwerpunkte haben.

Wem die pompösen Räume des Schlosses gefallen haben, der wird auch den **Schlossgarten** lieben. Direkt an die Südseite von Augustusburg schließt sich die barocke Anlage an, die nach französischem Vorbild von Gartenkünstlern aus Versailles angelegt wurde. Heute ist sie eine der besterhaltenen Gartenanlagen des 18. Jahrhunderts in Europa.

Wir spazieren wahlweise rechts oder links unter stattlichen Linden am Ziergarten entlang. In

Schloss Augustusburg

Der Baumeister Johann Conrad Schlaun begann 1725 mit dem Bau des Schlosses auf den Ruinen einer mittelalterlichen Wasserburg. Drei Jahre später stattete der kurbayerische Hofbaumeister François de Cuvilliés zusammen mit namhaften europäischen Künstlern die Residenz aus. Deutsche, italienische und französische Architekten, Maler, Bildhauer und Stuckateure schufen ein opulentes Gesamtkunstwerk. Heute zählt der Bau mit seiner strahlend gelb-weißen Fassade zu den Meisterwerken des Rokoko. Im Inneren ist das Prunktreppenhaus von Balthasar Neumann besonders sehenswert – ein Traum aus Marmor, Stuck, Bildhauerei und Malerei. Auch der Gardensaal besticht durch seinen grünen und gelben Stuckmarmor und ein beeindruckendes Deckenfresko. Ebenso prächtig ist das Paradezimmer mit reicher Ausstattung im Stil des Frührokoko.

Als Bonn noch Hauptstadt war, wurde das Schloss als Repräsentationshaus des Bundespräsidenten und der Bundesregierung genutzt. Heute finden hier neben Themenführungen regelmäßig Schlosskonzerte in fürstlichem Ambiente statt.

Schlösser Brühl
Schlossstraße 6
50321 Brühl
Tel. (0 22 32) 4 40 00
www.schlossbruehl.de
Di–Fr 9–12 und
13.30–16 Uhr,
Sa/So/Fei 10–17 Uhr
(im Dez. und Jan.
geschlossen)

Schloss Augustusburg
8,50 €, Kinder 5 €,
Familien 19 €

diesem sogenannten Broderieparterre („broderie" ist das französische Wort für Stickerei) blühen den ganzen Sommer über üppige Pflanzenarrangements zwischen niedrigen, geschwungenen Buchsbaumhecken. Vier Fontänenbecken und ein **Spiegelweiher** runden die Symmetrie der Gartenanlage ab. Gärtner stellten das barocke Parterre auf Grundlage des Original-Gartenplans wieder her. Der Park gilt als eines der authentischsten Beispiele französischer Gartenkunst des 18. Jahrhunderts in Europa.

Hinter dem großen Weiher mit einer weiteren Fontäne geht es schließlich in den Wald hinein. Am Alleestern wenden wir uns nach links, bis wir über die Eselsallee zu einem Eisentor gelangen. Dahinter beginnt das offene Feld mit einer weiteren lichten Baumallee. Wir folgen zweimal links den Schildern nach Falkenlust, kreuzen dabei die Schienen und die Straße und erreichen bald darauf das zweite Schloss. Das **Jagdschloss Falkenlust** liegt in einem kleinen Wäldchen und ist nicht weniger schmuck als sein Pendant auf der anderen Seite des Parks.

Neben dem Besuch des Jagdschlosses und der **Falknerei** samt original eingerichteter Falknerstube im Nebengebäude bietet sich ein Abstecher zur kleinen Kapelle unter den Bäumen an. Ein Blick durch die Glastür zeigt eine Eremitengrotte, die mit Muscheln, Mineralien und Kristallen ausgestattet wurde. Betreten kann man die Kapelle leider nicht.

Auf dem kleinen Weg hinter der Kapelle entlang geht es nun wieder zurück über die Feldallee bis zum Eisentor des Schlossparks. Statt die Eselsallee zurückzuspazieren, wenden wir uns nach rechts und gelangen kurz darauf zum idyllischen **Inselweiher** mit zahlreichen Bänken.

Wer zum Bahnhof, zurück will, kann am Brückentor den kurzen Weg nach rechts wählen, vorbei am alten Gartenmeisterhaus. Oder man überquert den Bach und stattet dem Schloss Augustusburg erneut einen Besuch ab. Hier lohnt ein Abstecher zum **Jardin Secret** mit seiner schönen Steinbrücke über den Bach. Der „Geheime Garten" ist auf der Schlossseite versteckt, die dem Haupteingang gegenüberliegt.

Jagdschloss Falkenlust

Zwischen 1729 und 1737 ließ sich Clemens August nur wenige Kilometer von Schloss Augustusburg entfernt ein Lustschloss errichten. Der Kurfürst liebte die Falkenjagd. Daher wurde der Ort für das Jagdschloss nach der Flugbahn zwischen den Nestern und Fischgründen der Reiher ausgewählt, die von den Falken des Kurfürsten gejagt wurden. Dabei konnte er die Tiere von einer Aussichtsplattform auf dem Dach des Hauptgebäudes beobachten. Nach der Jagd versammelte sich die adlige Gesellschaft in den exquisit ausgestatteten Räumen des Schlosses.

Auch heute noch können die edlen Salons, Speise- und Schlafzimmer sowie das Kabinett besichtigt werden. Gestalterische Höhepunkte sind kostbare japanische Lackplatten und das lebensgroße Porträt über dem Kamin im Speisezimmer, das Kaiser Karl VII., den Bruder des Kurfürsten, zeigt. Im Treppenhaus sind vor allem die holländischen Kacheln sehenswert. Die Deckenmalerei zeigt Szenen aus der Falkenjagd. Schloss Augustusburg, das Jagdschloss Falkenlust und die Parkanlage wurden 1984 zum UNESCO-Weltkulturerbe ernannt.

Jagdschloss Falkenlust
Anmeldung für Themenführungen:
Tel. (0 22 32) 4 40 00
www.schlossbruehl.de
6,50 €, Kinder 4 €,
Familien 14 €

Restaurant Falkenlust
Im Nebengebäude der Falknerei, mit schöner Hofterrasse und süditalienischer Küche.
Otto-Wels-Straße
50321 Brühl
Tel. (0 22 32) 9 49 93 99
Tgl. 11.30–15 und
17.30–22 Uhr,
ab März durchgehend

11 Brühler Seen
Kleine Paradiese

Karte ► Seite 53

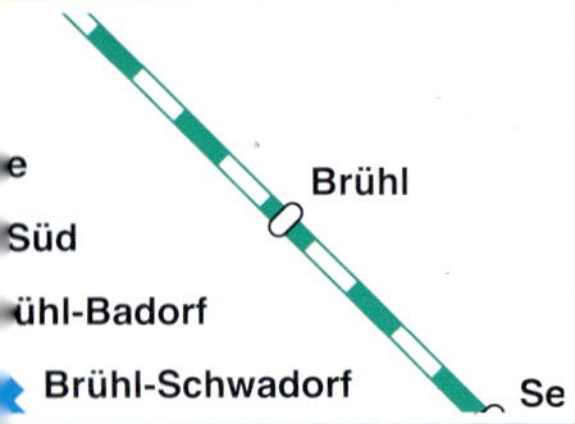

Radtour

Hinfahrt	Bhf. Brühl, RB, dreimal stündl.
Rückfahrt	KVB Brühl Süd (Linie 18), alle 30–60 Min.
Verlauf	Brühl – Erftstadt-Liblar – Brühl
Länge	19 km
Tipp	Kombinierbar mit Tour 10

Die Radtour durch das Gebiet der Villeseen ist bewusst recht kurz gehalten, damit genügend Zeit bleibt, jeden einzelnen See zu genießen. Zwischen Brühl und Erfstadt-Liblar ist nach der Rekultivierung des ehemaligen Tagebaugebietes eine Seenplatte mit etwa 40 Seen und Weihern entstanden, die wertvolle Biotope für Tiere und Pflanzen sind.

Vom Bahnhof **Brühl** fahren wir zunächst einmal quer durch die Innenstadt: Rechts am **Schloss Augustusburg** (► Seite 46) vorbei – der Radweg führt um das bezäunte Gelände herum – gelangen wir über die Bahnhofstraße zum Markt. Ein paar Meter weiter nach links verlassen wir rechts den Platz am Steinweg, der uns, zunächst noch als Fußgängerzone, über die Carl-Schurz-Straße bis zur Haltestelle Brühl-Mitte führt. Wir durchqueren die Unterführung und fahren stadtauswärts auf die Schlaunstraße, die bald einen Links-Rechts-Knick macht und dann zum Rodderweg wird. Immer geradeaus kommen wir direkt in die Ville hinein.

Vor dem Sackgassenschild können alle, die nun schon eine Erfrischung brauchen, einen Abstecher nach rechts in die Willy-Brandt-Straße machen. Am nächsten Abzweig links befindet sich auf einem Campingplatz das **Strandbad Heider Bergsee** – die einzige Badeanlaufstelle des Tages, die man allerdings auch auf dem Rückweg noch besuchen kann.

Zur richtigen Jahreszeit blühen auf dem Villenhofer Maar unzählige Seerosen

Alle anderen strampeln am Sackgassenschild weiter geradeaus den Berg hinauf. Auf halber Höhe biegen wir nach links in den Erlengrund. An der T-Kreuzung fahren wir nach rechts bis zum Waldrand und folgen dem nun beginnenden Waldweg weiter nach rechts. Wir bleiben immer auf dem Hauptweg bis zu einer Kreuzung, an der es rechts steil den Berg hinunter geht.

Nach einem kurzen Stück bergab legen wir den ersten Stopp ein: Rechts und links des Weges sehen wir die Ausläufer des **Heider Bergsees,** der an dieser Stelle eng wie ein Fjord ist und an den Ufern von Bäumen gesäumt wird. Auf Bänken kann man die Ruhe genießen. Wir verlassen diesen friedlichen Ort und schieben unser Rad auf der anderen Seite den steilen Weg hinauf. Am zweiten Abzweig bei einer Bank geht es nach links. An der nächsten Kreuzung halten wir uns halblinks. Linker Hand blitzt nun schon bald der **Franziskussee** durch die Bäume hindurch. Hinter dem See halten wir uns an der Kreuzung erneut links und machen an einem der kleinen Wege, die links zum See führen, Halt. Wir gelangen zum schilfgesäumten Ufer des Wassers, in dessen Mitte sich mehrere kleine Vogelbrut-Inseln befinden. In der Luft herrscht rege Betriebsamkeit, denn Sturmmöwen haben sich die Inseln zum größten Brutplatz in Nordrhein-Westfalen auserkoren. Vogelkundler sollten ein Fernglas nicht vergessen.

Zurück auf dem Radweg geht es weiter ein Stück den Hügel hinauf. An der Schutzhütte halten wir

Im Brühler Seengebiet hat sich eine artenreiche Flora und Fauna angesiedelt

uns geradeaus. Wer möchte, kann am nächsten Wegweiser das Rad abstellen und einen ca. 500 Meter langen Spaziergang zum **Ober-, Unter- oder Mittelsee** machen. Da der Weg sehr steil und bisweilen matschig ist, ist er nur für Fußgänger zu empfehlen. Kurz nach dem Hinweisschild zu den Seen halten wir rechter Hand Ausschau nach einer Bahnunterführung, die zum **Waldbiergarten** (► Seite 45) führt. Hier lässt sich unter schattigen Bäumen gut eine Rast einlegen.

Wieder im Wald fahren wir an der nächsten Gabelung nach links Richtung **Donatussee.** Auch hier besteht kurz nach dem Abzweig die Möglichkeit, zu Fuß auf einem steilen Weg in etwa 100 Metern hinunter zum Obersee zu laufen. Weiter auf dem Radweg umrunden wir den Donatussee zu unserer Rechten. Kleine Fußwege führen zum schilfbewachsenen Ufer. Ein guter Platz für ein Picknick ist eine gemütliche Bank am Ostufer mit Blick über das Wasser. An der nächsten Gabelung halten wir uns zweimal links, fahren ein kurzes Stück auf Asphalt und biegen an einer erneuten Gabelung noch einmal nach links. Nun sind wir am **Villenhofer Maar** angekommen.

Wer von hier aus einen Abstecher zum **Phantasialand** machen möchte, fährt statt links hinunter zum See immer geradeaus durch den Wald, um an der Phantasialandstraße nach links abzubiegen. Ein Aufenthalt im Freizeitpark braucht jedoch seine Zeit und gerade an Sommerwochenenden kann es voll werden. Wem also eher Ruhe statt Action sucht, setzt seinen Weg am Villenhofer Maar fort.

Wir gelangen zu den Stegen auf der gegenüberliegenden Seite, indem wir am Seeende nach links und sofort wieder nach links fahren. Inmitten von Seerosen ragen drei Anglerstege ins Wasser hinein. Enten und Schwäne ziehen ihre Runden, die Bäume am Ufer lassen ihre Äste tief ins Wasser hängen. Nachdem wir uns von diesem kleinen Pa-

Phantasialand
Sehr schöner und großer Vergnügungspark mit Fahrgeschäften, Themenbereichen, Sonderveranstaltungen, Restaurants und vielem mehr.
Stadtbahnhaltestelle Brühl-Mitte (Linie 18), von da Shuttlebus ca. alle 30 Min.
Berggeiststraße 31–41
50321 Brühl
Tel. (0 22 32) 3 66 00
www.phantasialand.de
Tgl. 9–18 Uhr
47,50 €, erm. 37 €

radies verabschiedet haben, lassen wir am zweiten Steg den Weiher hinter uns und kehren ihm den Rücken. Hinter der nächsten T-Kreuzung rechts sehen wir hinter den Bäumen einen teils braun gefärbten Teich: den **Entenweiher.** Am nächsten Abzweig biegen wir links, an der zweiten Kreuzung rechts ab. Dieser Weg führt uns zum **Pingsdorfer See,** den wir links liegen lassen, um zum anderen Ufer des Sees zu kommen, wo sich wiederum idyllisch gelegene Anglerstege befinden, die zur beschaulichen Rast einladen.

Wir folgen am nächsten Abzweig dem Weg nach links, bis wir an einem Feld herauskommen. Am Waldrand nehmen wir einen schmalen Trampelpfad nach links und halten uns weiter zwischen Wald und Feld. Am Rand der Otto-Maigler-Wiese biegen wir rechts in den Wald Richtung Brühl. Immer geradeaus fahrend kommen wir am **Klettergarten** heraus: Inmitten von Bäumen kann hier jeder seine Schwindelfreiheit testen. Weiter geht es über den Parkplatz und die Liblarer Straße hinunter. Wer nun doch Lust verspürt, ins kühle Nass zu springen, fährt an der Straße „Am Krausen Baum" links zurück zum Strandbad Heider Bergsee. Wer lieber den Heimweg antreten will, fährt nach rechts immer geradeaus, bis er zu den Bahnschienen kommt. Der Weg rechts an den Schienen entlang führt uns zum Bahnsteig Brühl Süd.

Schwindelfrei
Der Kletterwald
Klettergarten mit unterschiedlichen Parcours und 40 Meter hohem House-Running-Turm.
Liblarer Straße 183
50321 Brühl
Tel. (0 22 32) 15 74 71
www.kletterwald-schwindelfrei.de
Mi–Fr 12–20 Uhr,
Sa/So/Fei und in den Ferien 10–20 Uhr
22 €, bis 17 Jahre 18 €, bis 12 Jahre 15 €

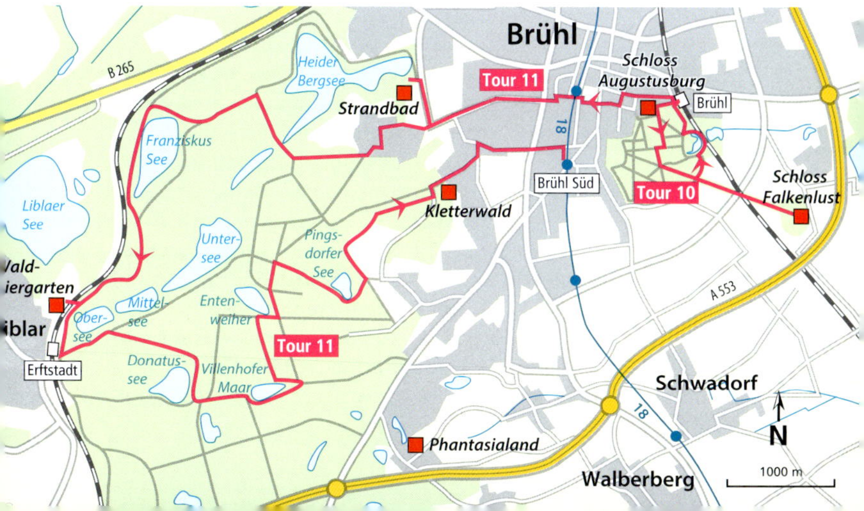

12 Schwadorf – Hersel

Karte ▸ Seite 57

Quer durch den Gemüsegarten

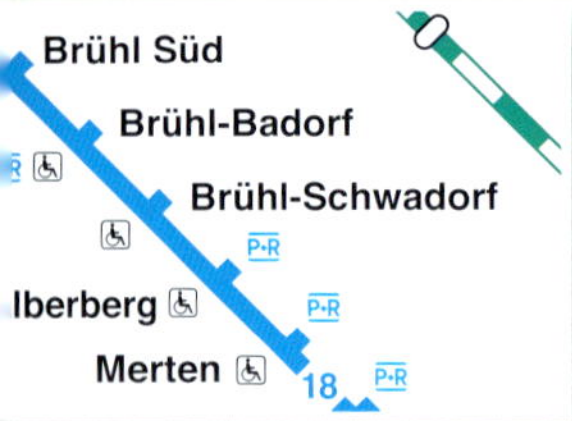

Radtour

Hinfahrt	KVB Brühl-Schwadorf (Linie 18), alle 20–60 Min.
Rückfahrt	KVB Hersel (Linie 16), alle 20–30 Min.
Verlauf	Schwadorf – Sechtem – Hersel
Länge	20 km

Kohl heißt auf Kölsch „Kappes". So verwundert es nicht, dass wir auf unserem Weg durch die Felder zwischen Brühl und Bornheim weitgehend dem Kappesweg folgen. Doch in dieser landwirtschaftlich geprägten Region findet sich weit mehr am Wegesrand als nur der schnöde Kohl.

Frühjahr und Sommer sind die besten Jahreszeiten für den Kappesweg: Wenn an beiden Seiten der Route die Pflanzen sprießen und gedeihen, ist die Radtour durch den **Rheinischen Gemüsegarten** ein wahrer Genuss für die Sinne.

Start der Radwanderung ist der Bahnhof **Brühl-Schwadorf,** wo man sich direkt wie auf dem Lande fühlt. Wer möchte, kann vor der eigentlichen Abfahrt noch einen Abstecher nach Walberberg hinein machen: Über die Dominikanerstraße direkt an der Straßenbahnhaltestelle geht es zur ehemaligen Wasserburg. Die **Rheindorfer Burg** beherbergt heute allerdings eine Senioreneinrichtung und ist nur von außen zugänglich.

Zurück am Bahnhof Schwadorf finden wir jenseits der Schienen bereits das erste „K", was auf den **Kappesweg** hinweist. Leider ist die Beschilderung nicht durchgängig, sodass wir uns nicht ganz darauf verlassen können. Wir folgen zunächst der Flechtenstraße, die bald zu der für Autos gesperrten Sechtemer Straße wird. Schnell erreichen wir die ersten Felder, auf denen je nach Jahreszeit neben vielen Kohlsorten auch Möhren, Rhabarber,

Spinat, Rote Bete, Erdbeeren, Tomaten, Paprika, Radieschen, Rettich, Brokkoli, Bohnen, Erbsen und Spargel sowie zur richtigen Zeit auch große Mengen Schnittlauch wachsen. Letzterer blüht in einem strahlenden Lila, welches der Lavendelblüte in Frankreich glatt Konkurrenz machen könnte. Begleitet werden wir auf unserer Tour stets von den Ausläufern des Vorgebirges.

Über ruhige Wirtschaftswege gelangen wir nach **Sechtem.** Burgfreunde können von der Eupener Straße aus 600 Meter in die Graue-Burg-Straße hineinfahren und einen Blick auf die leider etwas verwahrloste **Graue Burg,** eine ehemalige Ritterburg, werfen. Besser in Schuss ist dagegen die **Weiße Burg,** auf die wir automatisch treffen, wenn wir der Eupener Straße weiter folgen. Auch diese Wasserburg ist in Privatbesitz, sodass man nur durch einen Zaun hindurch einen Blick darauf werfen kann. Direkt hinter der Weißen Burg biegen wir nach rechts ab in die Ophofstraße. An

Bei diesem Anblick bekommt so mancher richtig Kohldampf

Gemüsehof Steiger
Frische Produkte aus der Region.
Dahlienstraße 100
53332 Bornheim
Tel. (0 22 27) 43 43
www.gemuesehofsteiger.de
Di–Fr 8.30–18.30,
Sa 8–13 Uhr

der etwas stärker befahrenen Breslauer Straße geht es nach rechts und direkt darauf wieder links in einen Wirtschaftsweg hinein, der uns weiter durch die Felder führt. Rund 1 000 Meter weiter müssen wir wieder eine Autostraße überqueren. Wer sich mit frischen Produkten aus der Region eindecken will, kann an dieser Stelle einen Stopp am **Gemüsehof Steiger** einlegen. Der 400 Jahre alte Traditionsbauernhof verkauft im Hofladen alles, was die Ställe und die umliegenden Felder hergeben.

Den Hof im Blick biegen wir rechts auf die Straße, um in der nächsten Kurve scharf links wieder in einen Wirtschaftsweg abzubiegen. An einer Autostraße angekommen fahren wir nach rechts, bald darauf geht es an einer Kreuzung nach links in den nächsten Wirtschaftsweg. Der zweite Abzweig rechts führt uns schließlich an den Ortsrand von **Bornheim.** Hinter den ersten Häusern biegen wir an der Reuterstraße nach links, am Apostelpfad ebenso. Auch in Bornheim findet sich

Die Weiße Burg in Sechtem ist von einem Wassergraben umgeben

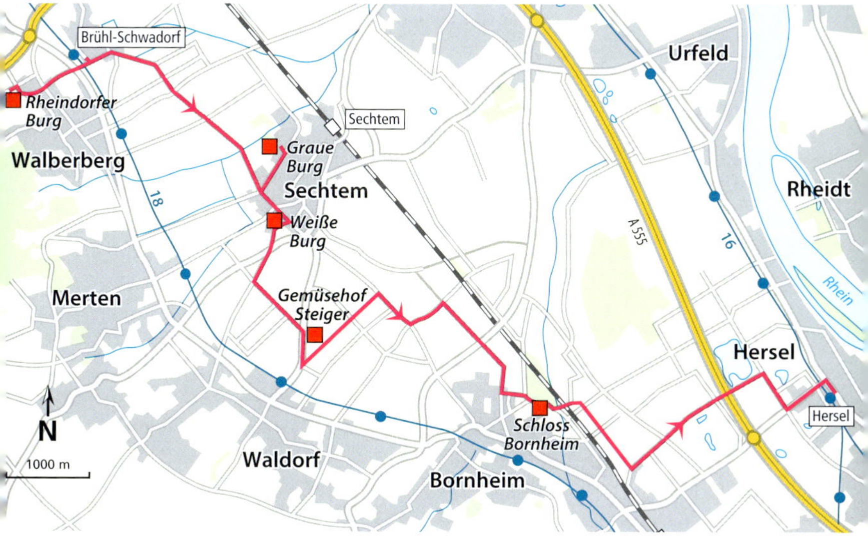

wieder nahe unserer Route eine ehemalige Ritterburg, das **Schloss Bornheim,** doch wie die anderen ist diese ebenfalls in Privatbesitz. Sie gehört einer Rehaklinik.

Wer Lust hat, sich nach der Fahrradtour ein bisschen zu erfrischen, kann über die Wallrafstraße einen Abstecher ins nahegelegene Freizeitbad machen. Das **HallenFreizeitBad Bornheim** wartet unter anderem mit Wasserrutschen, Spielplätzen, verschiedenen Schwimmbecken und einem großen Saunabereich auf.

Alle anderen folgen dem Apostelpfad bis zur Eisenbahnunterführung und halten sich dahinter rechts, um den Uedorfer Weg zu queren. Auf dem Gemüseweg geht es bis zum Maarpfad, auf den wir links abbiegen. Immer geradeaus gelangen wir zur Unterführung der Autobahn. Auf der anderen Seite sehen wir linker Hand einen Baggersee. Am Mittelweg geht es nach rechts, an der Roisdorfer Straße nach links, und nach 500 Metern haben wir am Bahnhof in **Hersel** das Ende unserer Gemüse-Tour erreicht.

HallenFreizeitBad Bornheim
Rilkestraße 3
53332 Bornheim
Tel. (0 22 22) 37 16
www.stadtbetrieb-bornheim.de/hallenfreizeitbad
Hallenbad: Mo–Fr 6.30–8 und 14.30–21.30 Uhr, Sa/So/Fei 8–19 Uhr
Freibad: 15. Mai–15. Sep. Mo–Fr 10–19, Sa/So 8–19 Uhr
Preise variabel, Erw. ab 4,50 €, erm. ab 3 € (für 2 Stunden)

13 Bonner Altstadt & Regierungsviertel

Karte ► Seite 62

Innenstadt & Museumsmeile

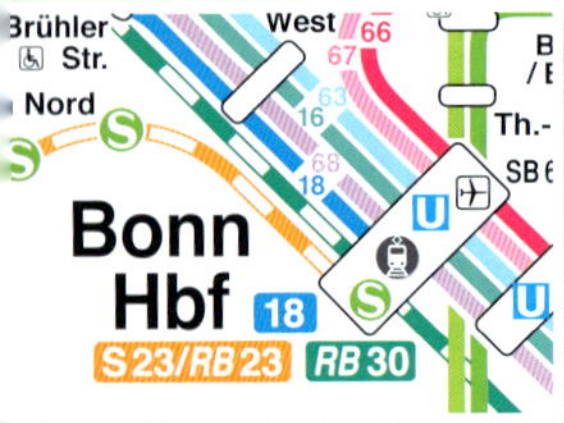

Stadtspaziergang

Hinfahrt	Bonn Hbf., RB, dreimal stündl.
Rückfahrt	KVB Heussallee (Linie 16), alle 20–30 Min.
Verlauf	Bonner Innenstadt – Museumsmeile
Länge	5 km

In Bonn kann ein Besucher sicherlich mehrere Tage verbringen, ohne dass ihm langweilig wird. Wir beschränken uns jedoch auf eine Tagestour, die die wichtigsten Sehenswürdigkeiten der ehemaligen Bundeshauptstadt beinhaltet.

Wir beginnen unsere Tour am Hauptbahnhof, der mitten in der City liegt. Von hier aus nur einen kurzen Fußweg entfernt befindet sich der **Münsterplatz,** den wir über die Poststraße erreichen. Vor der **Hauptpost** – dem ehemaligen Fürstenberg'schen Palais – finden wir das erste und gleichzeitig älteste **Denkmal** eines berühmten Sohnes der Stadt: Ludwig van Beethoven. Hauptattraktion an diesem Platz ist allerdings das **Münster:** Die dreischiffige spätromanische Kreuzbasilika war eine der ersten Kirchengroßanlagen im Rheinland und bestimmt heute das Stadtbild Bonns. Ihr Bau wurde Mitte des 13. Jahrhunderts vollendet – zu der Zeit, als in Köln gerade einmal der Grundstein für den Dom gelegt wurde. Sehenswert ist vor allem der gut erhaltene romanische Kreuzgang.

Vom Münsterplatz aus gehen wir über die Windeckstraße zum **Alten Stadthaus** am Bottlerplatz aus dem Jahr 1920. Das denkmalgeschützte Gebäude dient heute als Stadtbücherei. Gegenüber liegt das **Sterntor,** das ursprünglich einen ganz anderen Standort hatte, nämlich auf dem Friesenplatz. Als 1898 die Straßenbahn gebaut wurde, hat man das Sterntor abgebaut und auf den Bottlerplatz ge-

Das Alte Rathaus dient heute nur noch repräsentativen Zwecken

bracht. Zusammen mit dem nebenstehenden Halbturm gehört das Tor zu den Resten der Stadtbefestigung aus dem Jahr 1245.

Über die Vivatsgasse, die Kasernen- und die Friedrichstraße geht es in die **Bonngasse** – auch „Straße der Prominenten" genannt. Hier steht das Haus, in dem Ludwig van Beethoven 1770 geboren wurde. Heute befindet sich in der **Hausnummer 20** eine große Beethovensammlung sowie ein digitales Studio mit Klangbeispielen aus allen Werken des Musikers. Im benachbarten Kammersaal finden regelmäßig Konzerte statt. Ähnlich dem berühmten „Walk of Fame" in Hollywood sind in der Bonngasse Glastafeln ins Pflaster eingelassen, die bekannte Personen würdigen, die in Bonn geboren wurden oder hier gewirkt haben, darunter August Macke, Konrad Adenauer, Clara und Robert Schumann, Willy Brandt und Peter Joseph Lenné. Ebenfalls in der Bonngasse findet sich die **Namen-Jesu-Kirche,** eine barocke Jesuitenkirche aus dem Jahr 1717, die allein schon aufgrund ihrer barocken Fassade als eine der schönsten des Rheinlands gilt.

Nun gelangen wir zum **Markt,** dem Herzstück der Bonner Innenstadt. Aus der Vielzahl der historischen Gebäude sticht besonders das **Alte Rathaus** mit seiner vergoldeten Treppe hervor. Das rosafarbene dreistöckige Rokoko-Gebäude dient heute nur noch repräsentativen Zwecken. Besonders gut lässt sich die Atmosphäre des Marktes in einem der vielen Cafés auf dem Platz genießen.

Em Höttche
Uriges Brauhaus direkt am Rathaus.
Markt 4
53111 Bonn
Tel. (02 28) 69 00 09
Tgl. ab 11 Uhr
www.em-hoettche.de

StadtMuseum Bonn
Franziskanerstraße 9
1. und 2. OG
53113 Bonn
Tel. (02 28) 77 28 77
www2.bonn.de/
stadtmuseum
Mi 9.30–14, Do–Sa 13–18,
So 11.30–17 Uhr

Beliebter Treffpunkt im Sommer: die Liegewiese des Hofgartens

Von Montag bis Samstag findet ein Wochenmarkt statt, auf dem man frische Lebensmittel kaufen oder in einem der Imbisse eine Kleinigkeit zu sich nehmen kann.

Wir setzen unseren Weg über die Stockenstraße neben dem Rathaus fort und gelangen zum **Stadt-Museum.** Die Dauerausstellung beschreibt anschaulich die Stadtgeschichte Bonns im 18. und 19. Jahrhundert – von Bonner Unternehmen über Literatur und Musik bis hin zur Stadtentwicklung. Im gleichen Gebäude befindet sich auch die **Gedenkstätte für die Bonner Opfer des Nationalsozialismus.**

Nur einen Steinwurf vom StadtMuseum entfernt treffen wir auf das **Koblenzer Tor,** einen Teil des Kurfürstlichen Schlosses. Hier beginnt das Uni-Viertel, das vom imposanten ehemaligen **Kurfürstlichen Schloss** dominiert wird, in dem sich heute das Hauptgebäude der Universität befindet. Über dem Koblenzer Tor können wir dem **Ägyptischen Museum** einen Besuch abstatten und viel über das Alltagsleben der Ägypter, über den Pharaonenkult und diverse Grabbeigaben lernen. Anschließend bietet es sich an, im Hofgarten des Schlosses eine

Ägyptisches Museum der Universität Bonn
Regina-Pacis-Weg 7
53113 Bonn
Tel. (02 28) 73 97 10
www.aegyptisches-museum.uni-bonn.de
Di–Fr 13–17,
Sa/So 13–18 Uhr

Akademisches Kunstmuseum
Am Hofgarten 21
53113 Bonn
Tel. (02 28) 73 77 38
www.antikensammlung.uni-bonn.de
Di–Fr 15–17, So 11–18 Uhr

Pause einzulegen. Am anderen Ende des Hofgartens, der eigentlich nur eine große Wiese ist, findet sich das **Akademische Kunstmuseum,** unter anderem mit der weltweit größten Abgusssammlung griechischer Statuen.

Wer sich für die Geschichte der Mathematik interessiert, kann über die Straße „Am Hofgarten“ noch einen Abstecher zum **Arithmeum** machen. Alle anderen überqueren die Adenauerallee und gelangen über die Erste Fährgasse zum Rhein. Am Ende der Fährgasse steht das Priesterseminar **Collegium Albertinum,** das auf einer römischen Anlage erbaut wurde und in dem wir Teile der antiken Thermenanlage besichtigen können.

Auf der Rhein-Promenade Richtung Süden kommen wir am **Ernst-Moritz-Arndt-Haus** vorbei. Wer sich für das Leben des Dichters, Historikers und Publizisten interessiert, findet hier ein Gedenkzimmer und einen sehenswerten Biedermeiersalon. Wir spazieren am Rhein entlang bis zur Tempelstraße, an dessen Ende die neue Bonner **Synagoge** steht. Das weiße, zweigeschossige Gebäude wurde in den 1950er-Jahren von Helmut Gold-

Ernst-Moritz-Arndt-Haus
Adenauerallee 79
53113 Bonn
Tel. (02 28) 24 14 35
Nur zu Sonderausstellungen geöffnet!

Zoologisches Forschungsmuseum Alexander Koenig
Adenauerallee 160
53113 Bonn
Tel. (02 28) 912 21 02
www.zfmk.de
Di–So 10–18, Mi bis 21 Uhr
5 €, erm. 2,50 €

Die Plastik „Beethon“ steht seit 1986 vor der Beethovenhalle

Bundeskunsthalle
In dem Gebäude mit streng geometrischer Optik werden Wechselausstellungen aus den Bereichen Kunst, Kultur, Geschichte, Wirtschaft, Wissenschaft und Technik gezeigt.
Friedrich-Ebert-Allee 4
53113 Bonn
Tel. (02 28) 9 17 12 00
www.bundeskunsthalle.de
Di/Mi 10–21,
Do–So/Fei 10–19 Uhr
15 €, erm. 10 €

schmidt entworfen und ist heute das Zentrum für das jüdische Leben in Bonn.

Nun haben wir die Wahl, ob wir unseren Spaziergang auf der Rhein-Promenade fortsetzen oder von der Tempelstraße links in die Adenauerallee einbiegen, die uns zum **Zoologischen Forschungsmuseum Alexander Koenig** führt. In dem Naturkundemuseum sind über 3 000 Exponate zu besichtigen sowie die sehenswerte Ökologie-Ausstellung „Unser blauer Planet“. Das Museum ist Teil der sogenannten **Museumsmeile,** zu der auch das Haus der Geschichte, das Kunstmuseum Bonn, die Bundeskunsthalle und das Deutsche Museum Bonn gehören. Bis auf das Deutsche Museum, das hinter dem Rheinauenpark liegt, finden sich alle Museen in der Verlängerung der Adenauerallee.

An der Adenauerallee liegen auch das **ehemalige Bundeskanzleramt** und das **Palais Schaumburg,** die man durch einen Zaun

Auf dem futuristischen Dach der Bundeskunsthalle kann man spazieren gehen

hindurch sehen kann. Das prachtvolle Palais entstand im 19. Jahrhundert und mauserte sich Anfang des 20. Jahrhunderts zum gesellschaftlichen Zentrum der Stadt. Zwischen den beiden Bauten steht das **Adenauer-Denkmal,** eine riesige Büste des ehemaligen Bundeskanzlers.

Die Rheinpromenade entlang gelangen wir zum stillgelegten **Wasserwerk,** das dem Bundestag von 1986 bis 1992 als Domizil diente. Wir biegen rechts in die Heussallee ein und kommen am **Bundeshaus** vorbei. Von der nahegelegenen Straßenbahnhaltestelle Heussallee können wir dann den Heimweg antreten oder eines der umliegenden Museen besuchen. Rechter Hand liegt das **Haus der Geschichte,** wo sehr anschaulich die Entwicklung der Bundesrepublik beschrieben wird. Linker Hand liegen das **Kunstmuseum** mit modernen Werken von Macke bis Beuys und die **Bundeskunsthalle** mit Wechselausstellungen zu Kunst, Kulturgeschichte, Archäologie, Wissenschaft und Technik.

Wer lieber an der frischen Luft bleiben möchte, kann seinen Spaziergang in den Rheinauen fortsetzen (► Seite 64).

via Tipp

Haus der Geschichte
Hier wird die Entwicklung der Bundesrepublik Deutschland greifbar.
Willy-Brandt-Allee 14
53113 Bonn
Tel. (02 28) 9 16 50
www.hdg.de
Di–Fr 9–19,
Sa/So/Fei 10–18 Uhr

Kunstmuseum Bonn
Museum für Gegenwartskunst. Schwerpunkte bilden August Macke, die Rheinischen Expressionisten und die Kunst nach 1945.
Friedrich-Ebert-Allee 2
53113 Bonn
Tel. (02 28) 77 62 60
www.kunstmuseum-bonn.de
Di–So 11–18, Mi bis 21 Uhr
7 €, erm. 3,50 €

14 Bonner Rheinauen

Bienen & japanische Kirschen

Karte ▸ Seite 67

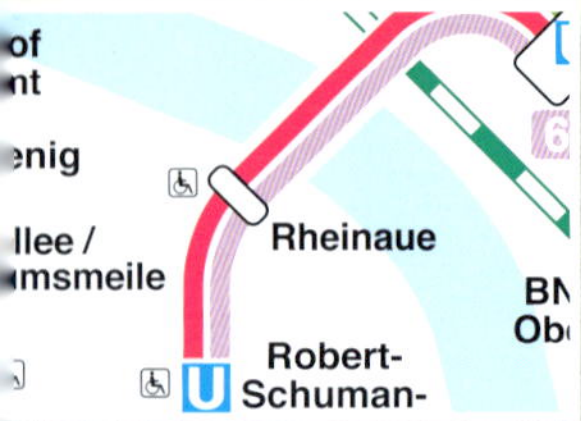

Spaziergang

Hin- & Rückfahrt	KVB Rheinaue (Linie 66), alle 10–15 Min. ab Bonn Hbf.
Verlauf	Rheinaue – Museumsmeile – Rheinaue
Länge	5 km

Wer in Bonn ins Grüne will, hat es nicht weit: Im Freizeitpark Rheinaue auf dem ehemaligen Gelände der Bundesgartenschau von 1979 gibt es auf 160 Hektar – das ist fast so groß wie die Bonner Innenstadt – viel zu entdecken.

Mit der Straßenbahn gelangen wir mitten ins Herz des **Rheinauenparks.** Wer möchte, kann sich auf den 45 Kilometer Fuß- und Radwegen einfach treiben lassen und die ausgedehnte Parklandschaft am Rhein genießen. Mit einem Picknickkorb im Gepäck kann man hier so manchen lauschigen Sommernachmittag verbringen oder zu Fuß, per Rad oder auf Rollerskates den Park erkunden. Für alle Entdeckerfreudigen stellen wir hier eine Route vor, die viele der sehenswertesten Ziele enthält.

Von der Straßenbahnhaltestelle wenden wir uns zunächst nach rechts. Wir umrunden auf dem mittleren Weg den Hügel und kommen direkt zum **Parkrestaurant RheinAue** mit etwas gehobener Küche, aber auch einem lauschigen Biergarten. Hier können wir uns vor dem Spaziergang stärken oder am Ende der Tour einkehren – denn die Straßenbahnhaltestelle liegt ja nur einen Steinwurf entfernt.

Das erste lohnende Ziel kommt schon bald hinter dem Restaurant in Sicht: der **Rosengarten** mit seinem großen Springbrunnen. Zur Blütezeit erstrahlen die edlen Sorten mit so schönen Namen wie „Schwarze Madonna“, „Duftwolke“, „Christel

Die auffällige Sonnenkugel markiert den Beginn des Planetenlehrpfads am Rheinufer

von der Post“ oder „Hamburger Deern“ in allen erdenklichen Farben. Hinter dem Blütenzauber folgen wir weiter dem Hauptweg, bis wir zum Schild Richtung „Bienenhaus“ gelangen. Ein weiterer Wegweiser zu den emsigen Insekten findet sich, nachdem wir die Große Blumenwiese halb umrundet haben. Am **Bienenhaus** lernt der Besucher viel über die Arbeit der Honigsammler, zu bestimmten Terminen steht auch ein Imker Rede und Antwort.

Wir halten uns nun in Richtung der offenen Wiese und lassen den **Auensee** links liegen. Über eine Brücke an der engsten Stelle des Sees überqueren wir das Wasser und wenden uns nach links, um am Seeufer entlangzuspazieren. Von hier aus sieht man bereits den imposanten Post Tower aus Glas, und auf dem See vergnügen sich Ruder- und Tretbootfahrer.

Wir bleiben am Seeufer, bis wir die Autobahnbrücke unterqueren. An der Stelle, an der der Auensee aus unserem Blick verschwindet, geht es rechts hinunter zum Rhein. Am Fluss angekommen, ragt der 13 Meter hohe **Bismarckturm** empor, ein Denkmal für den Reichskanzler Otto von

Parkrestaurant RheinAue
Gehobene Küche und ein schöner Biergarten.
Ludwig-Erhard-Allee 20
53175 Bonn
Tel. (02 28) 37 40 30
www.rheinaue.de
Tgl. ab 11 Uhr

Auf dem Auensee kann man schön mit dem Ruder- oder Tretboot fahren

Schmucke Villen in der Kurt-Schumacher-Straße

Bismarck, welches 1900 errichtet wurde.

Wir halten uns weiter am Rhein entlang. Ein paar Kilometer stromabwärts kommt auch schon die Bonner Innenstadt in Sicht. Wer am Rheinufer entlang bis in die Stadt laufen will, kann dazu dem **Planetenlehrpfad** folgen. Dieser zeigt in einem maßstabgerechten Modell die Entfernungen der Sonne zu den Planeten in unserem Sonnensystem. Die gelbe Sonnenkugel am **Langen Eugen,** dem heutigen Sitz der UNO, markiert den Beginn des Lehrpfades, der nach knapp 6 Kilometern mit dem Standort des Pluto im Bonner Norden endet.

Wir bleiben jedoch in der Nähe des Rheinauenparks und machen nur einen kurzen Abstecher: Wir biegen am Langen Eugen, dem unübersehbaren Hochhaus am Rhein, nach links in die Hermann-Ehlers-Straße, die – vorbei am Alten Wasserwerk, dem ehemaligen Plenarsaal des Deutschen Bundestags, und der Deutschen Welle – bald zur Heussallee wird. Wer möchte, kann von hier aus geradeaus zum Kunstmuseum Bonn, der Bundeskunsthalle und dem Haus der Geschichte laufen (Details zur **Museumsmeile** ▸ Seite 58).

Ohne den Besuch der Museen biegen wir links in die Kurt-Schumacher-Straße ein und flanieren an den schmucken Villen der ehemaligen **Landesvertretungen** bis zum **Post Tower.** Das zum Großteil aus Glas bestehende Hochhaus ist mit knapp 163 Metern eines der höchsten Deutschlands und dient seit 2002 als Zentrale der Deutschen Post. Vorbei an der Skulptur Mercurius umrunden wir den Glasturm etwa zur Hälfte und gelangen zurück in den Rheinauenpark.

Am Pavillon des ehemaligen Restaurants **Rheingarten** sehen wir bereits hinüber zu dem Teil des Auensees, an dem offiziell die Modellboote zu Wasser gelassen werden. Hier steht auch schon ein Schild Richtung Straßenbahnhaltestelle – auch wenn es bis dahin noch eine Menge zu sehen gibt.

Hinter einem Totempfahl befindet sich der Eingang zum **Blindengarten,** in dem viele Pflanzen zum Riechen und Anfassen stehen und Plaketten in Brailleschrift die passenden Namen nennen. Auch sehende Besucher können viel aus der Geschichte des Blindenbrunnens lernen, an dem eine Gruppe von Nichtsehenden einen Elefanten betastet. Jeder von ihnen beschreibt, was er fühlt: Der Rüssel ist eine Schlange, die Zähne sind ein Schwert, das Bein ist ein Baumstamm …

Als nächste Attraktion folgt der **Japanische Garten,** ein Geschenk der japanischen Regierung zur Bundesgartenschau 1979, in dem japanische Gartenbaukunst bewiesen wird – Wasserfälle, ein See und eine 13-stufige Pagode inklusive. Am Kunstobjekt „Löffelwald“ und an antiken Grabsteinen aus der Römerzeit vorbei geht es schließlich oberhalb der Kaskaden zurück zur Straßenbahnhaltestelle.

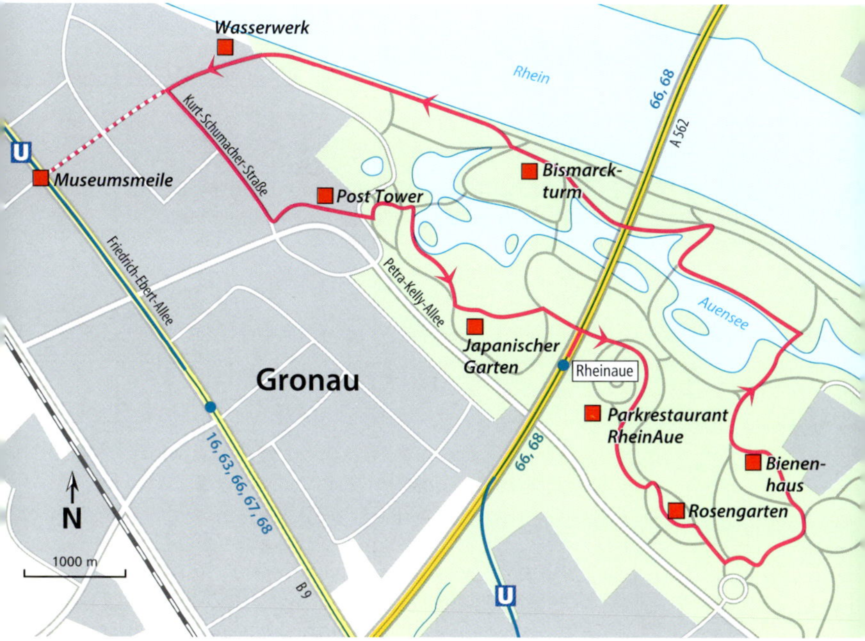

Bergisches Land

Frühling im Milchborntal ▸ Seite 70

15 Durch das Milchborntal
Zwei Schlösser der Luxusklasse

Karte ▸ Seite 73

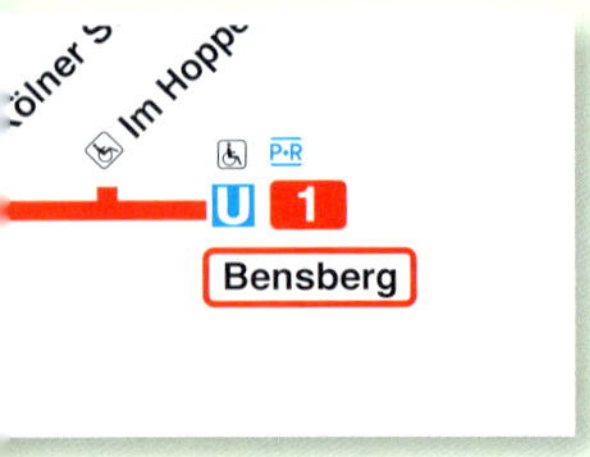

Wanderung

Hin- & Rückfahrt	KVB Bensberg (Linie 1), alle 10–15 Min.
Verlauf	Bensberg – Schloss Bensberg – Kaltenbroich – Schloss Lerbach – Bensberg
Länge	9 km

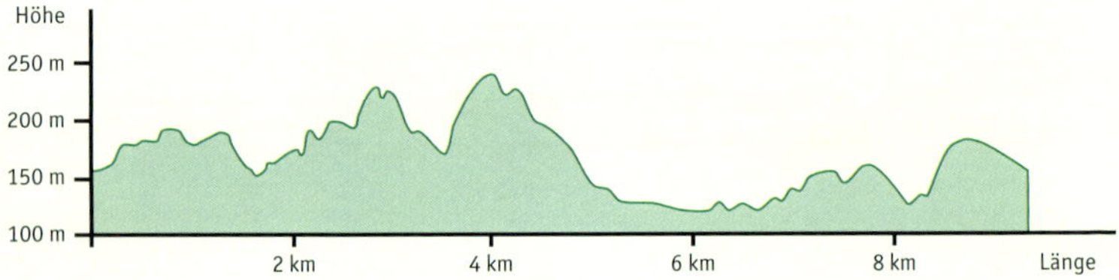

Dass Bergisch Gladbach das Tor zum Bergischen Land bildet, zeigt sich direkt im Osten der Stadt: Gleich hinter dem Bensberger Schloss ist man mitten im Grünen, und rund um das Milchborntal geht es schon mächtig bergauf und bergab.

Mit der Linie 1 fahren wir von Köln aus direkt ins Mittelalter: Wer an der Endhaltestelle in die Gartenstraße einbiegt und von dort aus den schmalen Weg namens Burggraben hinaufsteigt, landet inmitten alter Fachwerk- und Schieferhäuser. Wenn man die parkenden Autos ignoriert, könnte man fast glauben, einen Zeitsprung gemacht zu haben. Im **Bergischen Museum für Bergbau, Handwerk und Gewerbe** kann man lernen, wie es früher in Schmieden, Backhäusern, Stellmachereien und bei anderen Handwerkern zuging.

Einen Ausflug in die Vergangenheit macht man auch im **Schloss Bensberg,** das wir am Ende des Burggrabens schon sehen. Zum Eingang gelangen wir, indem wir links herum an der Schlossmauer entlanggehen. Wenn wir uns an dem prachtvollen Schloss sattgesehen haben, geht es wieder aus dem

Bergisches Museum für Bergbau, Handwerk und Gewerbe
Burggraben 9–21
51439 Bergisch Gladbach
Tel. (0 22 04) 5 55 59
www.bergischesmuseum.de
Di–Fr 10–13.30,
Sa/So/Fei 11–17 Uhr

Schloss Bensberg

Im Jahr 1703 begann im Auftrag von Johann Wilhelm II. der Bau des prachtvollen Barockschlosses auf der Felsenterrasse von Bensberg. Vorbild war das Schloss Schönbrunn in Wien. Die Mittelachse des Gebäudekomplexes ist genau auf den Kölner Dom ausgerichtet, wovon man sich beim Gang auf die Rosenterrassen überzeugen kann: Bei klarem Wetter hat man einen wundervollen Blick hinüber ins 15 Kilometer entfernte Köln und weit über die Domstadt hinaus. Das ehemalige Jagdschloss ist heute ein Fünf-Sterne-Luxushotel.

Haupttor hinaus und rechts in die Jan-Wellem-Straße hinein. Die steile Straße Ritzenberg führt uns schnell ins Milchborntal hinab. Über die Straße halb rechts gelangen wir zu einem Fußweg unter schattigen Buchen.

Wer Lust hat, kann an der nächsten Kreuzung einen Abstecher geradeaus zur **Erdenburg** machen. Von der eisenzeitlichen Befestigung sind nur noch einige Gräben zu erkennen.

Naturfreundehaus Hardt
Schöner Biergarten mit umfassender Speisekarte.
Hardt 44
51429 Bergisch Gladbach
Tel. (0 22 04) 3 00 75 41
www.haushardt.de
Mo–Sa 10–18,
So 9–18 Uhr

Schloss Bensberg
Kadettenstraße
51429 Bergisch Gladbach
Tel. (0 22 04) 42-0
www.schlossbensberg.com

Schloss Lerbach
Herrenhaus in englischem Stil mit Landschaftspark.
Lerbacher Weg
51465 Bergisch Gladbach

Ohne den Abstecher geht es links zum **Kadettenweiher,** wo den angehenden Offizieren von Schloss Bensberg angeblich das Schwimmen beigebracht wurde. Über den Damm gehen wir nach rechts am Weiher entlang, bis am Ende des Teiches ein uriger Weg (Bezeichnung A1) links den waldigen Berg hinaufführt. Über zahlreiche Baumwurzeln laufen wir bis zu einer Asphaltstraße und folgen weiter dem Weg A1 geradeaus an einer Schutzhütte vorbei. Das bald auftauchende **Naturfreundehaus Hardt** mit seinem lauschigen Biergarten bietet sich als Zwischenstopp an.

Nach einer Stärkung geht es hinter dem Naturfreundehaus am Spielplatz an einem orangegefärbten Bach vorbei. Mineralien aus dem ehemaligen Erzabbau sorgten für die Verfärbung. Kurz darauf erzählt unten am Lerbach eine Infotafel die Geschichte der **Blei- und Zinkerzgrube Blücher** aus dem 19. Jahrhundert. Wir überqueren den Lerbach und steigen den Wald hinauf. Dem Weg A3 folgen wir auch am nächsten Querweg nach links. Er leitet uns direkt zum **Hof Hülsenfeld,** den wir rechts liegen lassen. Von einer wilden Blumenwiese aus reicht hier der Blick bis hinüber nach Köln.

Um den nächsten Hinweis auf den Weg A3 zu finden, müssen wir nun mit dem Hof Hülsenfeld zur Rechten den Trampelpfad nach **Kaltenbroich** hinuntersteigen. Wer vor dem Gatter der Kuhwiese landet, ist ein Stück zu weit gegangen. Kurz vor dem Eingang zum Dorf findet sich wieder ein Hinweis auf den richtigen Pfad. An Enten, Hühnern und Gänsen vorbei laufen wir bis zur Kreuzung und folgen dort der Beschilderung A2 nach **Oberlerbach,** vorbei an **Trappertown,** einer etwas skurril anmutenden kleinen Westernstadt.

Schon nach wenigen Minuten haben wir Oberlerbach durchquert und biegen nach links auf den Lerbacher Weg. Nach 400 Metern sehen wir den Eingang zum **Schloss Lerbach,** das ein Luxushotel samt Sterne-Restaurant war, derzeit aber geschlossen ist. Vom Park aus kann man einen Blick auf das Herrenhaus im englischen Landhausstil erhaschen. Zurück auf dem Lerbacher Weg biegt nach rund

Das Schloss Lerbach liegt idyllisch in einem schönen Park

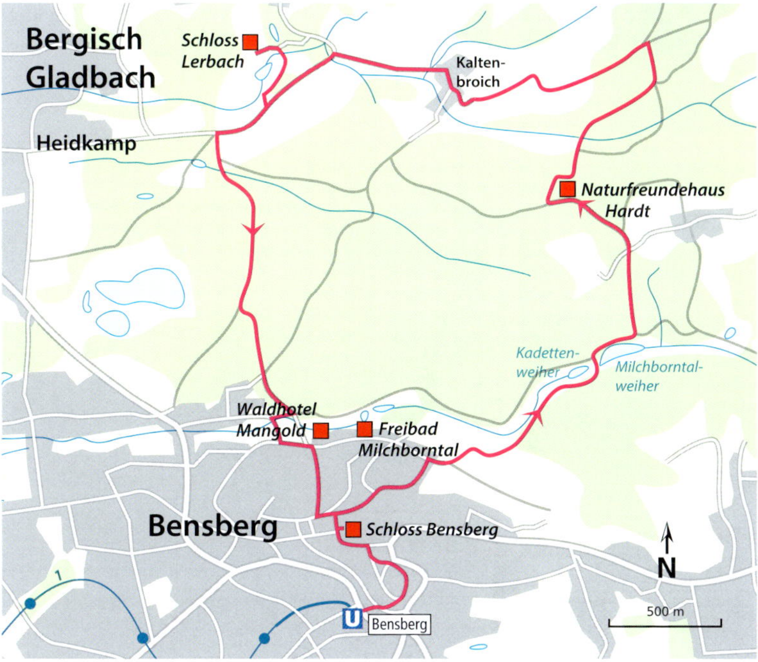

200 Metern der Wanderweg mit den Markierungen A1 und A3 nach links in den Wald ein, dem wir bis zu einer Kreuzung mit fünf Wegen folgen.

Wir entscheiden uns halblinks für die Wegmarkierungen A1, A2, A3. Vorbei an zwei hohen Kiefern mit einer Bank bleiben wir auf dem Weg geradeaus, bis wir an den Waldrand gelangen. Am Waldhotel Mangold verlassen wir die schützenden Bäume und biegen am Milchborntalweg nach links.

Wer nach der Wanderung noch Lust auf eine Erfrischung hat, kann dem Milchborntalweg ein Stückchen folgen. Nach rund 250 Metern wartet das **Freibad Milchborntal** am Waldrand auf seine schwimmfreudigen Besucher. Alle anderen kommen nach einem letzten steilen Aufstieg den Milchbornsberg hinauf wieder zum Schloss Bensberg, von dem aus es ja nicht mehr weit ist bis zur Straßenbahnlinie 1.

Freibad Milchborntal
Milchborntalweg 69
51429 Bergisch Gladbach
Tel. (0 22 04) 5 39 55
www.freibad-milchborntal.de
Tgl. 10–20 Uhr, eventuelle Abweichungen bei Schlechtwetterphasen

16 Altenberg
Der Dom, der keiner ist

Karte ▸ Seite 77

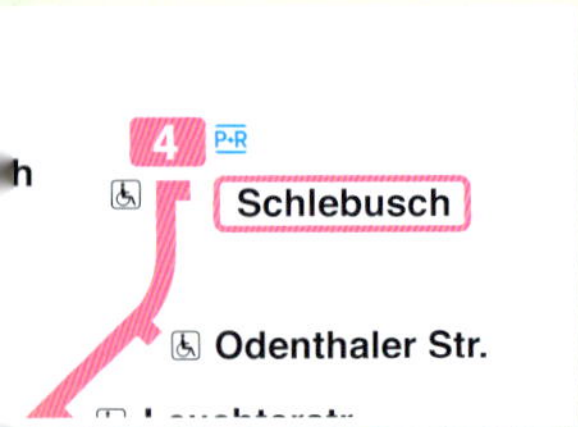

Wanderung

Hin- & Rückfahrt	KVB Schlebusch (Linie 4), dann weiter mit Bus 212 bis Hst. Altenberg, alle 60 Min.
Verlauf	Altenberger Dom – Hüttchen – Altenberger Dom
Länge	11 km

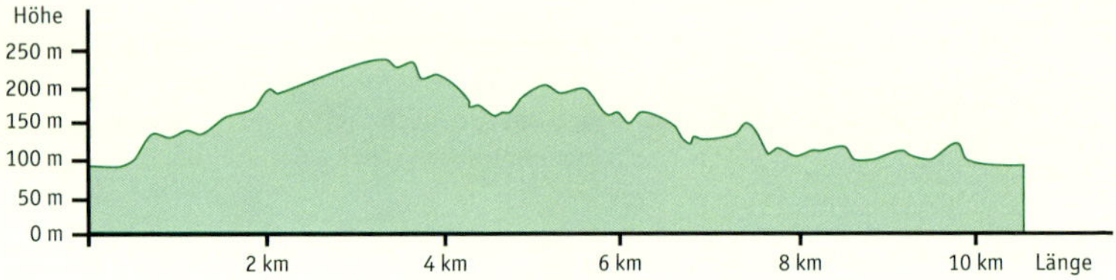

Diese Tour muss gut geplant werden, denn der Bus nach Altenberg fährt am Wochenende nur einmal in der Stunde ab Schlebusch. Der Ausflug lohnt sich jedoch allemal, denn in der Abgeschiedenheit der einsamen Täler und Wälder lässt es sich besonders schön wandern und tief durchatmen. Am Ende der Tour wartet der Märchenwald auf seine kleinen Besucher.

Der Bus bringt uns die kurvige Straße nach **Altenberg** hinab. Unten angekommen laufen wir in Fahrtrichtung bis zum ausgeschilderten „Privatweg". Am Kiosk vorbei und über den Parkplatz geradeaus gelangen wir direkt zum Highlight unserer Tour: dem **Altenberger Dom.** Der Sakralbau, auch Bergischer Dom genannt, ist eigentlich gar kein Dom, da er nicht auf ein Bistum hinweist. Stattdessen handelt es sich um eine ehemalige Klosterkirche, die zu der von den Zisterziensern errichteten Abtei Altenberg gehörte. Bis Anfang des 16. Jahrhunderts wurden hier die Grafen und Herzöge von Berg und Jülich-Berg bestattet. Sehenswert ist unter anderem das Westfenster: Es ist das größte

Altenberger Dom
Bedeutende Klosterkirche mit beeindruckenden Buntglasfenstern.
Eugen-Heinen-Platz 2
51519 Odenthal-Altenberg

gotische Kirchenfenster nördlich der Alpen.

Nachdem wir uns ausführlich in der Kirche umgesehen und im angeschlossenen Domladen nach Büchern gestöbert haben, folgen wir links neben dem Domportal dem Schild „Theodor-Heuss-Päddche". An der ersten Gabelung halten wir uns links, an der zweiten rechts, anschließend geht es links durch eine Unterführung. Wir gehen links bergauf bis zur Straße, der wir ein kleines Stück folgen. In der starken Linkskurve biegen wir rechts in einen schönen Laubwald auf den Bülsberweg. Wir laufen geradeaus und lassen die **Fischteiche,** die die Altenberger Mönche im 13. Jahrhundert zur Selbstversorgung angelegt haben, rechts liegen. Bergauf halten wir uns an der Gabelung rechts und folgen der Route A7. Achtung: Bei Nässe kann es hier recht matschig werden.

Kühe grasen friedlich im Schatten des abgeschiedenen Altenberger Doms

Jetzt geht es den Waldlehrpfad entlang, verschiedene Schilder erklären die heimische Tier- und Pflanzenwelt. Bei der nächsten Gabelung, am Infoschild zur Rotbuche, folgen wir rechts weiter der A7. Kurz darauf ändert sich die Flora: Wir befinden uns nun in einem Nadelwald. Am nächsten Abzweig geht es links der Beschilderung „Mühlenroute" nach. In Serpentinen schlängelt sich der Weg durch die Nadelbäume bergauf. An der T-Kreuzung wenden wir uns nach links, danach öffnet sich der Wald, und es geht ein gutes Stück zwischen Feldern und Wiesen hindurch, vorbei an Pferden und Kühen, bis zur Siedlung **Grimberg.**

Wir bleiben auf unserem Weg, bis wir auf die Neschener Straße stoßen, der wir nach rechts durch den Ort folgen, bis es links nach Odenthal-Hüttchen geht. Hier überqueren wir die Neschener Straße und halten uns an das Schild „Grillhütte". Durch den Ort **Hüttchen** geht es geradeaus bis zu einer T-Kreuzung, wo linker Hand noch einmal die **Grillhütte** ausgeschildert ist. Diese bietet sich für eine längere Pause an: Rechts in einer kleinen Senke liegt der Rastplatz mit einem kleinen Spielplatz sowie Tischen und Bänken. Wer tatsächlich grillen möchte, muss sich vorher anmelden.

Hinter der Grillhütte geht es rechts weiter in einen Forstweg, wir folgen der Auszeichnung A1. An einer Kreuzung bietet sich eine kleine Schutzhütte mit Bänken ebenfalls zur Pause an. Von der Kreuzung gehen fünf Wege ab – wir halten uns geradeaus und gleich an der nächsten Gabelung links bergauf. Das Wegzeichen „Wasserroute" führt uns weiter durch den Laubwald. An einer Lichtung sehen wir einen kleinen Hof, den wir rechts passieren.

An der nächsten T-Kreuzung findet sich rechts der historische **Kochshof** von 1149. Der restaurierte Bauernhof dient dem Verein „Zugvogel Deutscher Fahrtenbund" als Bundessitz und ist mit einem Archiv, Werkstätten, Sängersaal und historischem Backhaus ausgestattet. Rechts am Kochshof vorbei geht es wieder einen Forstweg entlang in den Wald. An der nächsten großen T-Kreuzung gehen wir links weiter auf der A1. In einer Linkskurve können wir zwischen den Bäumen einen Blick auf **Maria-in-der-Aue** werfen. Das prächtige Neobarockgebäude hat sich der Industrielle Karl Haniel 1927/28 als Jagd- und Gästehaus bauen lassen.

An der nächsten Kreuzung geht es links weiter auf der A1. Durch das Eisentor auf der linken Seite können wir einen Blick auf den großen Garten einer historischen Villa mit bergischer Schieferfassade erhaschen – Park und Villa befinden sich allerdings in Privatbesitz und können daher nicht besichtigt werden. Wir laufen ein gutes Stück am Garten entlang, rechts unter uns hören wir bald die Dhünn rauschen. An einer Kreuzung mit Holzbank ändert der Weg seinen Namen zu E3, und noch immer geht es an dem herrschaftlichen Garten entlang, der von unzähligen alten Rhododendronbüschen eingefasst ist – zur Blütezeit eine wahre Farbenpracht!

Kochshof
Restaurierter Bauernhof mit historischem Backhaus.
51519 Odenthal-Hüttchen
www.kochshof-odenthal.de

Am nächsten Abzweig mit einer Holzbank bleiben wir auf der E3, die Dhünn folgt unserem Weg. Wir passieren einen kleinen Brunnen mit Infotafeln über den Wasser- und Regenreichtum der Region. Bald erscheint ein typisch bergisches Fachwerkhäuschen mit grünen Fensterläden, das einst zum Areal der **Pulverfabrik Aue** gehörte. Eine Infotafel erzählt von der schon lange stillgelegten Pulverfabrik und erklärt die gefährliche Schwarzpulverherstellung. An einem alten Torbogen der Anlage geht es vorbei, nun befinden wir uns wieder auf der A1 und halten uns anschließend rechts.

Am Schöllerhof vorbei, überqueren wir den Wanderparkplatz. Auf einem Gehweg an der Autostraße entlang gelangen wir zur Zufahrt des **Märchenwaldes:** Hänsel und Gretel, Rotkäppchen, Aschenputtel und viele andere bekannte Figuren präsentieren sich in den kleinen nostalgischen Holzhäuschen entlang der Wege. Daneben gibt es ein Streichelgehege mit Ziegen, eine Show mit Wasserspielen und ein Restaurant. Zurück zum Altenberger Dom geht es vor der Klostermauer nach links. Als Abschluss empfiehlt sich die Einkehr beim **Küchenhof,** in dem es herzhafte und gutbürgerliche Speisen, aber auch die berühmten Bergischen Waffeln gibt.

Deutscher Märchenwald Altenberg
Ein unterhaltsamer Spaziergang durch die Welt der Märchen.
Märchenwaldweg 15
51519 Odenthal-Altenberg
Tel. (0 21 74) 7 49 88 38
www.maerchenwald-altenberg.de
Tgl. 9–19 Uhr, im Winter bis 16 Uhr
4,50 €, Kinder 3 €

Gaststätte Küchenhof
Herzhafte und gutbürgerliche Speisen.
Carl-Mosterts-Straße 1
51519 Odenthal-Altenberg
Tel. (0 21 74) 4 14 13
www.gaststaette-kuechenhof.de
Di–So 11–18 Uhr

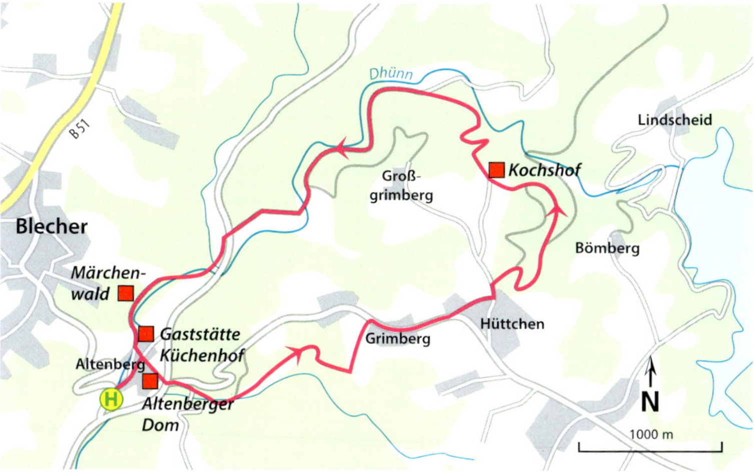

17 Marienheide
Rund um den Stausee

Karte ► Seite 81

Wanderung

Hin- & Rückfahrt	Bhf. Marienheide, RB, alle 60 Min.
Verlauf	Marienheide – Lingesetalsperre – Marienheide
Länge	11 km

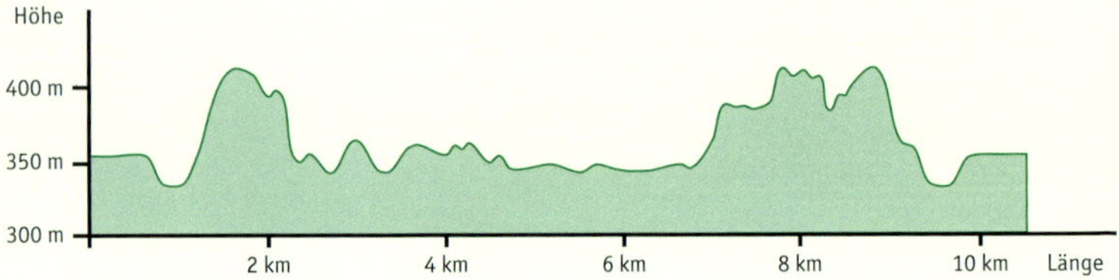

„Über die Wupper gehen" hat im Bergischen Land eine ganz eigene Bedeutung: In der Nähe von Marienheide entspringt nämlich der Fluss, der hier noch Wipper heißt und weiter westlich im Rhein endet. An der Lingesetalsperre wurde die Wipper gestaut und in ein Freizeitparadies für Besucher verwandelt.

Schon die Anfahrt nach **Marienheide** macht Lust darauf, die Wanderstiefel zu schnüren: Über sanfte Hügel geht es mit der Bahn ins Mittelgebirge des **Bergischen Landes** hinein – das seinen Namen übrigens nicht dem Charakter der Landschaft verdankt, sondern den ehemaligen Herrschern der Region, den Grafen von Berg.

In Marienheide angekommen, folgen wir der Bahnhofstraße Richtung Norden und biegen am Abzweig „Zur Alten Post" nach rechts. Der anschließende Fußweg führt durchs Grün bis zur Klosterstraße. Unterwegs kommen wir an einer **Klosteranlage** vorbei, die 1420 von Dominikanermönchen gegründet wurde. Vor allem die Wallfahrts- und Klosterkirche aus dem 15. Jahrhundert

Die Lingesetalsperre ist ein beliebtes Ausflugsziel

mit ihrem reich verzierten Chorgestühl ist einen Besuch wert – eine gotische Hallenkirche ist zudem für das rheinische Gebiet eher ungewöhnlich.

Wer die Klosteranlage lieber auf dem Rückweg besichtigen möchte, setzt seinen Weg unbeirrt Richtung Klosterstraße fort, in die wir rechts einbiegen, um kurz darauf links in die Singernstraße abzubiegen. Hinter dem dritten Haus geht links eine Treppe zur Moosbergstraße hinauf, die rechter Hand bald in die Hüttenbergstraße übergeht, wo wir gegenüber der Hausnummer 52 den Weg links in den Wald hinein nehmen. Hier verlassen wir nun die Wohnstraßen und gelangen in die Natur. Am Funkmast wenden wir uns nach rechts bis zur nächsten Wegkreuzung, von wo aus wir einen ersten Blick auf die **Lingesetalsperre** werfen können. Die Lingesetalsperre ist eine von zahlreichen Talsperren, die Ende des 19. Jahrhunderts im Bergischen Land errichtet wurden, um den Wasserbedarf für die Bevölkerung und die Industrie zu decken. Zudem konnten auf diesem Wege Überschwemmungen der Wupper und ihrer Nebenflüsse reduziert werden. 1995 bis 1998 wurde

Sanfte Hügel und wunderschöne Wege machen Lust, die Wanderstiefel zu schnüren

der Stausee für 15 Millionen Euro saniert. Heute ist er ein beliebtes Ausflugsziel für die ganze Region.

Wir folgen dem Weg bergab zum Wanderparkplatz und biegen am Campingplatz auf den Wanderweg A6, der uns direkt zum Seeufer leitet. Wir umrunden die Talsperre im Uhrzeigersinn und gelangen bald zu einem Staudamm, den wir überqueren. Über einen kleinen Links-Rechts-Schlenker folgen wir dem nördlichen Ufer der Talsperre. Hier treffen Wald und Wasser immer wieder aufeinander, sodass wir vom schattigen Weg unter den Bäumen immer wieder schöne Ausblicke auf den in der Sonne glitzernden See haben. Wer Proviant mitgebracht hat, sucht sich am besten einfach eine nette Bank am Ufer, um dort eine gemütliche Essenspause einzulegen. Am **Campingplatz Lambacher Höhe** findet sich dann eine von drei Badestellen der Lingesetalsperre – also heißt es bei dieser Wanderung auf jeden Fall: **Badesachen** nicht vergessen!

Am Ende des Campingplatzes endet der See, und wir biegen nach rechts Richtung **Lambach** ab. Hinter dem Ortseingangsschild von **Wernscheid,** das sich direkt rechter Hand von Lambach befindet, führt ein Forstweg zum Wupperzufluss hinunter. Nach kurzer Zeit erreichen wir schon den Ort **Linge,** wo wir nach rechts am Seeufer entlangspazieren. In diesem Brutschongebiet lassen sich besonders gut Wildenten, Wasserhühner, Haubentaucher, Graureiher und Eisvögel beobachten. Vogelfreunde sollten ein Fernglas mitnehmen.

An der Infotafel der Jägerschaft Marienheide, wo der Seeuferweg auf die vielbefahrene Straße trifft, nehmen wir den Trampelpfad hoch zur Straße und biegen links in den steilen Weg zum **Campingplatz Sonnenhang** ein. Nachdem wir den Campingplatz passiert haben, geht der Weg – wir befinden uns immer noch auf dem Wanderweg A6 – an der nächsten Kreuzung rechts in den Wald hinein. Auch an der folgenden Abzweigung halten wir uns rechts und gelangen durch Nadelgehölz zurück zur Kreuzung, von wo aus wir den Wanderparkplatz vom Beginn unserer Seeumrundung sehen. Wir nehmen den bekannten Waldweg linker Hand zurück nach Marienheide, wo wir auf dem Rückweg noch in den **Heier Stuben** einkehren können.

Übrigens: Wem die Tour rund um die Lingesetalsperre gefallen hat, kann beim nächsten Mal wiederkommen, um dann die **Brucher Talsperre** (Tour 18 ► Seite 82) im Osten von Marienheide zu umrunden. Für Wandervögel mit Ausdauer sind beide Talsperren auch an einem Tag zu bewältigen.

Heier Stuben
Regionale Küche, mit Außenterrasse.
Leppestraße 7
51709 Marienheide
Tel. (0 22 64) 66 44
www.heier-stuben.de
Do–Di 11.30–14 Uhr und ab 17 Uhr, So/Fei ab 11.30 Uhr

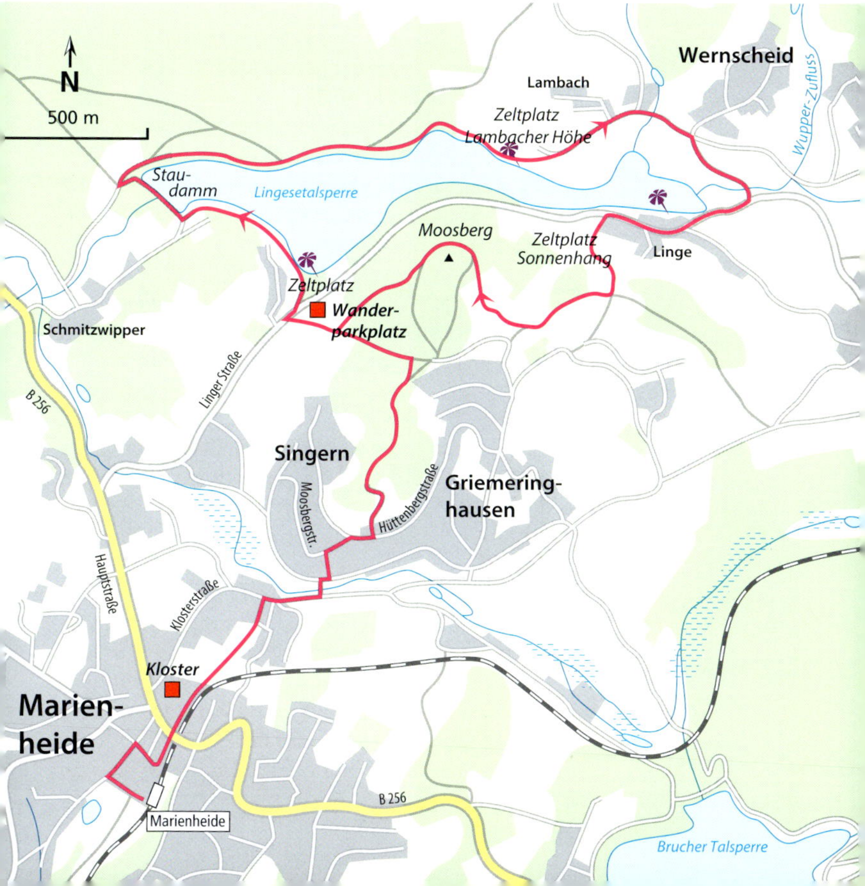

18 Brucher Talsperre
Karte ► Seite 85

Alte Geschichten am Wegrand

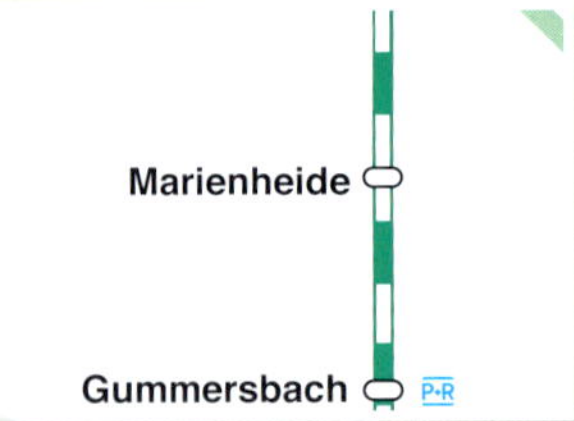

Wanderung

Hin- & Rückfahrt	Bhf. Marienheide, RB, alle 60 Min.
Verlauf	Marienheide – Brucher Talsperre – Müllenbach – Brucher Talsperre – Marienheide
Länge	13 km

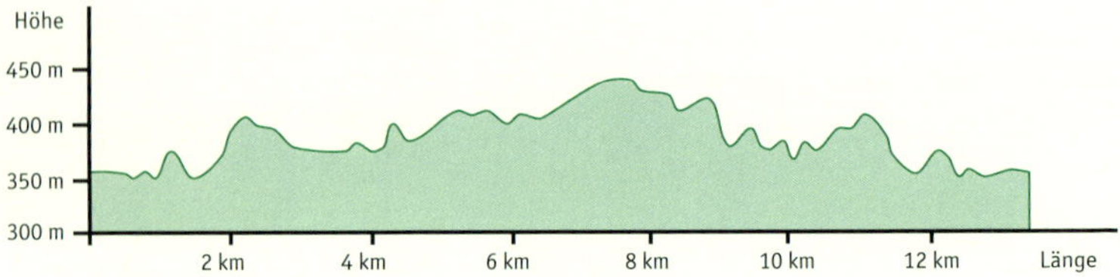

Wo einst die Fuhrleute ihre Waren durch das Bergische Land transportierten, verläuft heute ein Wanderweg. Acht Infotafeln entlang der Strecke erzählen spannende Geschichten der Kutschleute aus vergangenen Zeiten.

Am Bahnhof **Marienheide** angekommen, laufen wir bis zur Hauptstraße und biegen nach links ab. An der Kirche geht es rechts in die Klosterstraße und wieder rechts in den Abzweig Klosterstraße 8 und 10. An dieser Ecke findet sich bereits – nach der am Bahnhof – die zweite Infotafel über das Leben der Bergischen Fuhrleute, die bis zum Anfang des 20. Jahrhunderts in dieser Region tätig waren. Es lohnt sich, die Geschichten und Bilder über das harte Leben der Fuhrmänner zu lesen und anzuschauen. Wer mag, kann an dieser Stelle auch einen Blick in die denkmalgeschützte **Wallfahrtskirche St. Mariä Heimsuchung** werfen, eine gotische Hallenkirche, die für das rheinische Gebiet eher ungewöhnlich ist.

Die Klosterstraße wird bald enger und endet an einem Parkplatz. Geradeaus beginnt ein Fußweg,

An der Brucher Talsperre gibt es zahlreiche romantische Ecken zu entdecken

der uns durch eine kleine Streuobstwiese bis zu einer Baumgruppe mitten auf dem Weg führt. Hier biegen wir rechts ab, bis wir rechter Hand zu den Gleisen gelangen. Wir folgen dem Weg links an den Schienen entlang. In einem Bogen geht es durch ein Tannenwäldchen – hier verlassen wir kurz die Gleise und kehren dann wieder zu ihnen zurück. Beim nächsten Bahnübergang an einem großen weißen Haus mit einer Obstwiese überqueren wir die Schienen und laufen am Waldrand mit schönen Ausblicken über die Hügel des Bergischen Landes entlang.

Nach einer Weile kommen wir zu einem Tennisplatz und stoßen hier auf eine Stichstraße, die von der stark befahrenen Landstraße abzweigt. Der ruhigen Straße folgen wir bis zum **Waldhotel.** Hier bietet sich jetzt oder auf dem Rückweg eine Rast auf der großzügigen Terrasse an. Wer noch fit ist, setzt seinen Weg geradeaus fort und gelangt bald zum Ufer der **Brucher Talsperre,** die wir im Uhrzeigersinn ein Drittel umrunden. Nicht vergessen, Badesachen mitzunehmen! Denn am See gibt es insgesamt vier Badestellen, an denen man ins Wasser gehen kann. Wir gelangen hinter der ersten Badestelle an der DLRG-Wasserrettungsstation an die Staumauer, die wir überqueren, und bleiben auf dem Weg rund um die Talsperre. Früher stand an beiden Seiten der Staumauer jeweils eine Flak – eine von ihnen ist noch am Ende der Staumauer als Ruine zu sehen. Wir gehen weiter unter schattigen Bäumen an teils sehr idyllischen Plätzen immer am Wasser entlang.

An der Infotafel E, wo wir mehr über die beschwerlichen Touren der Fuhrleute erfahren, verlassen wir zunächst den See (keine Sorge, später

Haus der Geschichten

In dem typisch bergischen Schieferhaus erzählen die Bewohner des Ortes Geschichten aus vergangenen Zeiten. Alte Ausstellungsstücke erinnern an den Alltag der letzten Jahrhunderte. Das Haus der Geschichten ist kein Museum im klassischen Sinne, sondern ein Ort, wo Geschichtenerzählen im stilechten Ambiente stattfindet – im Kaufmannsladen, in der Fuhrmannskneipe oder im Wintergarten mit zahlreichen alten Bildern. Das Haus ist jeden Sonntag zu einer Kaffeetafel von 14 bis 17 Uhr geöffnet. Der Eintritt ist frei, Spenden sind willkommen.

kommen wir zur Talsperre zurück). Wir folgen dem Weg hinauf und in den Forst Gervershagen hinein, unterqueren bald die Landstraße und laufen durch eine Tannenschonung. An der Kreuzung wenden wir uns nach rechts und kommen in den ruhigen Marienheider Ortsteil **Müllenbach.** Wir überqueren die Unnenberger Straße und halten uns an der nächsten T-Kreuzung links in die Straße „Am Markt". Anschließend geht es rechts in die Kirchstraße, an deren Ende die „Bonte Kerke" steht. Die Müllenbacher Evangelische Kirche ist eine der fünf **Bunten Kirchen** im Oberbergischen Land, die sich durch ihre mittelalterlichen Deckenmalereien auszeichnen. An der Kreuzung hinter der Kirche biegen wir rechts in die Graf-Albert-Straße ein und gelangen zum **Haus der Geschichten.**

Wir folgen weiter der Graf-Albert-Straße, die uns aus Müllenbach hinausführt. Am großen Kreisverkehr müssen wir rund 200 Meter rechts an der Hauptstraße entlanglaufen, bis wir wieder links in den Nadelwald hineingehen können – bitte auf den Verkehr achten! An der T-Kreuzung im Wald halten wir uns links, danach rechts. Wir bleiben auf dem großen Weg und folgen diesem, wenn er links abbiegt. An der Schutzhütte geht es nach rechts, und wir erblicken erneut die Brucher Talsperre. Am Campingplatz nehmen wir an der Gabelung den linken Weg und kommen zur nächsten Badestelle. Da auf dieser Seite der Talsperre mehrere Campingplätze zu finden sind, ist auch die Auswahl an Lokalen groß. Besonders schön gelegen ist die Tapasbar **Alhambra** direkt am See, wo man sich auch Boote ausleihen kann, um die Talsperre von der Wasserseite aus zu erkunden.

Weiter geht es am Ufer entlang bis zu einem Schild, das uns wieder zum **Waldhotel** führt. Von hier aus nehmen wir – mit oder ohne Rast auf der Terrasse – den bekannten Weg zum Sportplatz, zu den Gleisen und über die Streuobstwiese, um zurück zum Bahnhof Marienheide zu kommen. Und wie wäre es vor der Abfahrt noch mit einer Belohnung aus der örtlichen Eisdiele?

Tipp: Wer die Wanderung nicht an einem Sonntag macht, kann überlegen, sich den Abstecher nach Müllenbach zu sparen, denn an allen anderen Tagen hat das „Haus der Geschichten" geschlossen. Von der Infotafel E aus führt der Weg weiter um den See herum bis zum genannten ersten Campingplatz. Mit Baden, Bootfahren und einem Stopp in einem der Restaurants an der Strecke kann man ebenfalls einen schönen Tag an der Brucher Talsperre verbringen.

Tapasbar Alhambra
Leckere Tapas direkt am See, Bootsverleih.
Gummersbacher Straße 15b
51709 Marienheide
www.tapas-alhambra.de
Tel. (0 22 64) 62 70
Mi–Sa ab 16,
So ab 11 Uhr

Waldhotel Marienheide
Große Terrasse mit Blick über den See.
Eberg 24
51709 Marienheide
Tel. (01 63) 9 87 20 05
www.waldhotel-marienheide.de
Mo–Fr 12–15 und 18–22,
Sa/So 12–22 Uhr

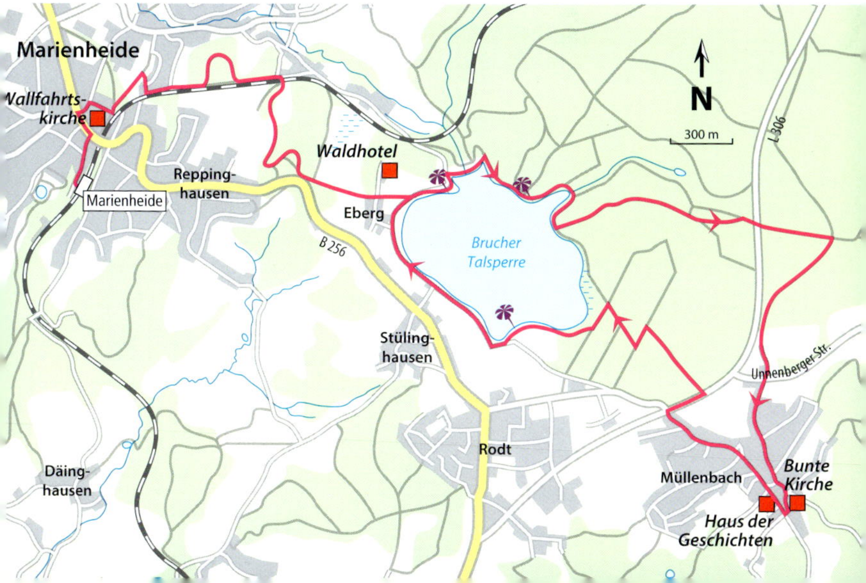

19 Ründeroth
Hochgefühle

Karte ▸ Seite 89

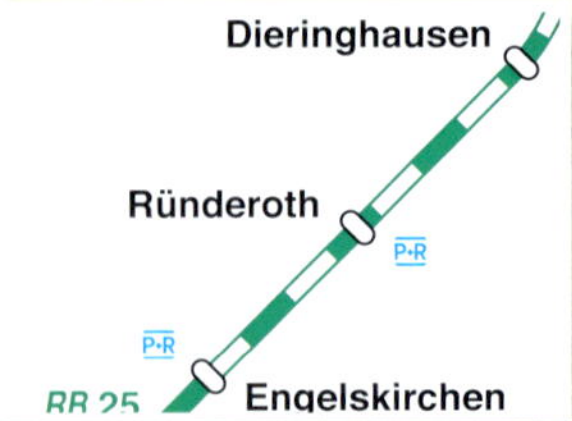

Wanderung	
Hin- & Rückfahrt	Bhf. Ründeroth, RB, alle 60 Min.
Verlauf	Ründeroth – Schnellenbach – Remerscheid – Wahlscheid – Hollenberg – Ründeroth
Länge	10 km

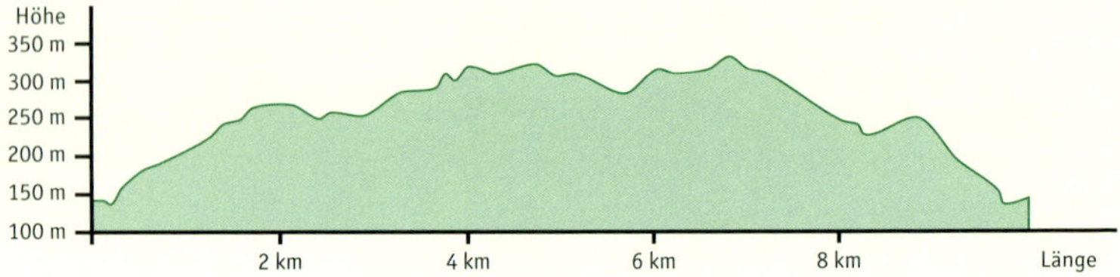

Das Bergische Land hat seinen ganz eigenen Charakter: sanfte Hügel, grüne Täler, Wälder und offene Felder. Auf einer Wanderung rund um Ründeroth erlebt man die Schönheiten des Bergischen in seiner ganzen Vielfalt.

Allein die kleinen Orte im Bergischen Land sind mehrere Besuche wert. So auch **Ründeroth,** das mit schmucken Fachwerkhäusern und den typischen Schieferfassaden zu einem Rundgang einlädt, bevor wir die eigentliche Wanderung beginnen.

Nach einem kurzen Spaziergang durch den historischen Ortskern wenden wir uns von der Bahnhofstraße nach rechts in die Hauptstraße und circa 100 Meter weiter nach links in den Dörrenbergplatz. Über die Wilhelmsbrücke überqueren wir die ruhig dahinfließende Agger. Rechts und sofort wieder links beginnen die steilen Serpentinen, die uns durch den Wald bis zur Straße hinaufführen. Hier geht es nach rechts über den Walbach an einem prächtigen Fachwerkhaus vorbei. Nach dem Ortsausgangsschild biegt links eine ruhige Straße ab, der wir bis **Schnellenbach** folgen. Am Ende

Die Höhen von Ründeroth

einer großen Wiese können wir das erste Mal einen Fernblick ins Tal genießen – viele weitere werden folgen. An dieser Stelle wenden wir uns an der Bank nach links und folgen weiter der Straße. An den zwei nächsten Gabelungen halten wir uns jeweils rechts und gelangen so nach **Remerscheid.**

Wir durchqueren das idyllische Dorf, den Hügel bergab, bis zur Ortsmitte. Dort biegen wir links in die Hahner Straße. Wer nicht bis zu den noch folgenden Picknickplätzen warten will, findet hier die Gaststätte **Zu den Vier Linden** mit einem kleinen Biergarten. Am Ende der Hahner Straße überqueren wir die Autostraße und folgen dem Weg geradeaus durch die Felder. Am nächsten Abzweig halten wir uns weiter geradeaus. Mit ihrem schönen Ausblick bietet sich die Stelle mit einer Bank unter einem Baum zur kleinen Rast an. Im Wald geht es an der nächsten Kreuzung noch einmal geradeaus, bis wir auf freies Feld gelangen. Auch hier empfiehlt sich an einer Bank eine Picknickpause mit bestem Panorama ins Tal.

Nach einer Stärkung gehen wir kurz geradeaus wieder in den Wald hinein und biegen am ersten

Zu den Vier Linden
Gastsätte mit Kegelbahnen, Billard, Dart, Kicker und Biergarten.
Hahner Straße 74
51766 Engelskirchen-Remerscheid
Tel. (0 22 63) 9 29 03 19
Di–So ab 12 Uhr

Ründeroth besticht durch hübsche Fachwerkhäuser und Schieferfassaden

Abzweig nach rechts. Nun geht es bergab unter schattigen Bäumen bis zu einer kleinen Siedlung mit Wochenendhäusern. Dahinter führt ein etwas versteckter Pfad, stets markiert mit A3, in Serpentinen hinab bis zur Landstraße. Direkt gegenüber geht ein unmarkierter Weg durch einen ehemaligen kleinen Tannenhain und an einem alten Steinbruch vorbei bis hinauf nach **Wahlscheid.**

Oben angekommen durchqueren wir den hübschen Ort, bis wir zu einem kleinen Kreisverkehr kommen. Wir wählen die Hollenberger Straße, die uns aus dem Ort hinaus führt und wiederum traumhafte Panoramablicke in die Täler bietet. An einer Kreuzung mit einer weiteren Bank gelangen wir rechts nach **Hollenberg,** das wir auf der Müllensiefener Straße durchqueren. An der Gabelung in Müllensiefen halten wir uns links und biegen in die Anliegerstraße ein. Nicht nur Schafe und Kühe stehen links und rechts des Weges, sondern auch – man traut seinen Augen kaum – ein paar Lamas und Alpakas: Der **Balsamhof** bietet nämlich zwei- bis vierstündige Lamatrekkingtouren an.

Bald darauf wird die Straße zur Schotterpiste, am Abzweig halten wir uns links. An der Markierung A9 gehen wir rechts und erblicken schon bald unseren Ausgangsort Ründeroth. Vorher lohnt aber noch ein Stopp am 18 Meter hohen **Haldyturm,** der 1903 zu Ehren des Landrats Haldy erbaut wurde. Nachdem wir die 92 Stufen des Turms erklommen haben, können wir die Aussicht von oben genießen. Weiter geradeaus erreichen wir schließlich bald den kleinen Serpentinenweg, der uns wieder hinunter zur Agger und bis zum Bahnhof zurückführt.

Wer nach der Wanderung noch fit ist, kann von der Aggerbücke einen Abstecher von rund 3 Kilometern machen: zur **Aggertalhöhle.** Die Höhle wurde 1773 durch Zufall entdeckt und ist mit 1071 Meter Gesamtlänge die längste Höhle im Rhein-

Lamatrekking auf dem Balsamhof
Zwei- bis vierstündige Lamatrekkingtouren.
Oberstraße 23
51766 Engelskirchen-Hollenberg
Tel. (0 22 63) 9 03 81 60
www.lamatrekking-oberberg.de

land. Seit 1927 ist sie für Besucher geöffnet und mit elektrischer Beleuchtung versehen. Festes Schuhwerk sowie ein Pullover empfehlen sich bei der Besichtigung auch im Sommer: In der Höhle herrscht ganzjährig eine Temperatur von 6 bis 8 °C.

Dazu überqueren wir nicht die Aggerbrücke, um zurück zum Bahnhof zu gehen, sondern folgen dem Uferweg bis zur Hüttenstraße. Nach rund 100 Metern auf der Bundesstraße stadtauswärts biegen wir in die Straße „Am Mühlenberg", die bald zur Herderstraße wird. Wer den etwas versteckten Abzweig zur Aggertalhöhle nicht findet, geht einfach weiter bis zur Straße Walbach und folgt dieser nach links, bis er ca. 600 Meter weiter auf den Eingang zur Höhle stößt.

Aggertalhöhle Ründeroth
Im Krümmel 39
51766 Engelskirchen
Tel. (0 22 63) 7 07 02
www.aggertalhoehle.de
Apr.–Okt. Do–So/Fei
10–17 Uhr

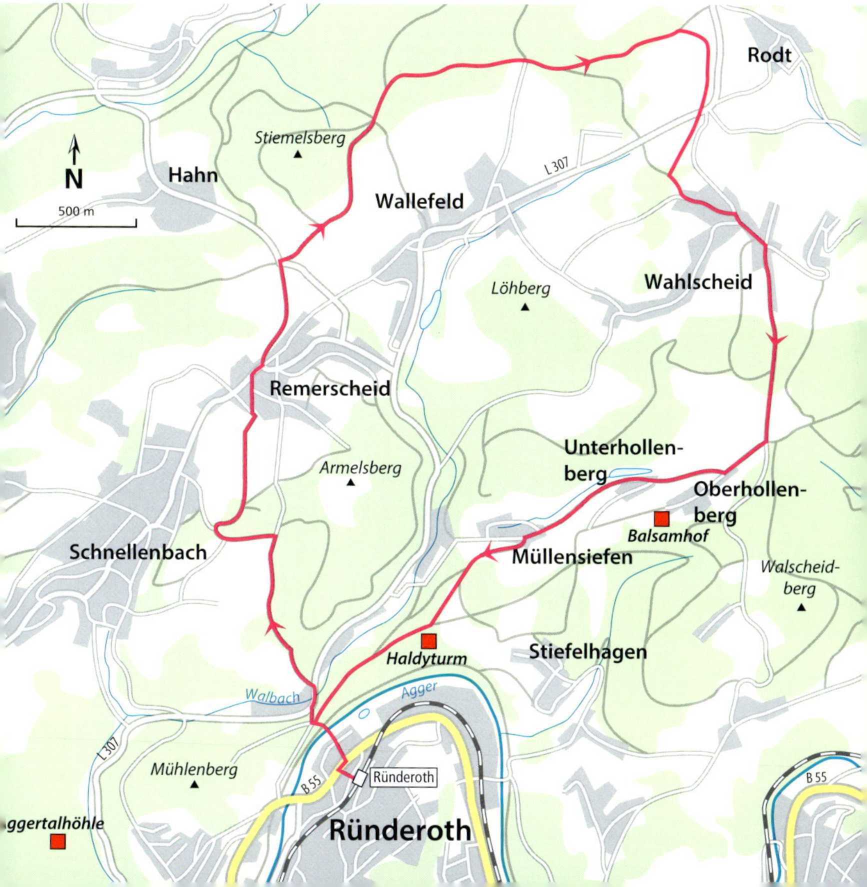

Siegtal, Siebengebirge & Mittelrhein

Idylle vor Burg Blankenberg ▸ Seite 92

20 Stadt Blankenberg – Siegburg
Durch die Auen

Karte ▸ Seite 94/95

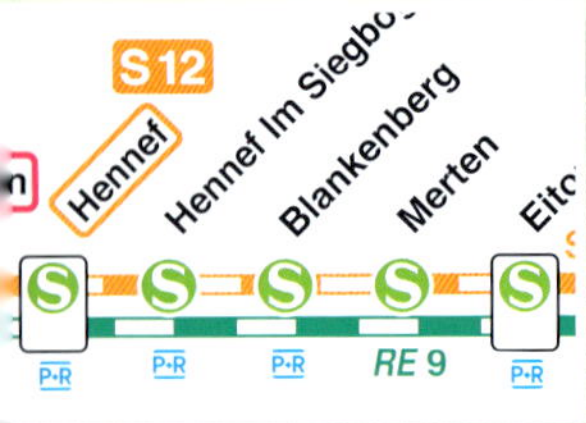

Radtour

Hinfahrt	S-Bhf. Blankenberg (S12, S19), alle 60 Min.
Rückfahrt	Bhf. Siegburg (S12, S19, RB), alle 10–20 Min.
Verlauf	Stadt Blankenberg – Hennef – Siegburg
Länge	21 km
Tipp	Kombinierbar mit Tour 21

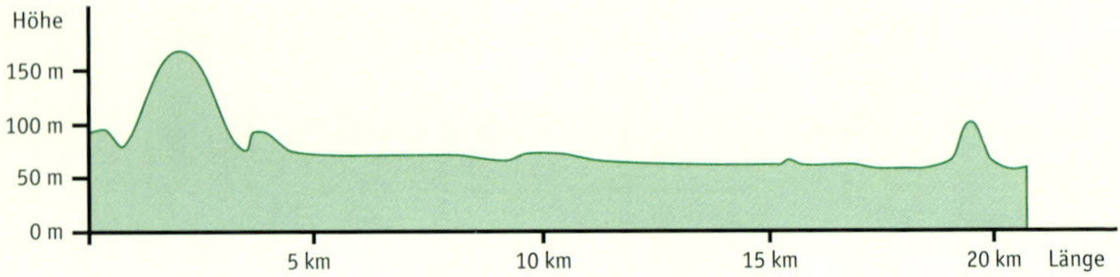

Von der kleinsten Stadt Deutschlands geht es ins Siegtal hinein und immer am Fluss entlang bis Siegburg. Die gemütliche Radtour kombiniert einen mittelalterlichen Dorfspaziergang mit schönen Naturerlebnissen.

Vor den Genuss hat der liebe Gott den Schweiß gesetzt. Daher treten wir vom S-Bahnhof Blankenberg ein paar Mal kräftig in die Pedale, um in die 2 Kilometer entfernte und knapp 80 Meter höher gelegene **Stadt Blankenberg** zu radeln, die vom Bahnsteig aus linker Hand schon zu sehen ist. Heute ist Stadt Blankenberg ein Stadtteil von Hennef, darf aber als sogenannte Titularstadt den Zusatz „Stadt" nach wie vor im Namen tragen. 1992 wurde der gesamte Ort Stadt Blankenberg unter Denkmalschutz gestellt.

Wem die gewundene Serpentinenstraße zu anstrengend ist, der kann sein Fahrrad an der Treppe abstellen und den kleinen Berg zu Fuß erklimmen – später kommen wir hier wieder vorbei. Oben angekommen, empfangen den Besucher zunächst die Reste von **Burg Blankenberg.**

Ein Spaziergang durch Stadt Blankenberg ist wie eine Zeitreise ins Mittelalter

Vom Parkplatz aus führt der Fußweg an der Vorburg vorbei bis zur Hauptburg, deren Mauern einen weiten Blick über das Siegtal bieten. In der Ferne ist bereits das Ziel unserer Radtour, die Benediktinerabtei Siegburg, zu erkennen. Anschließend geht es durch die Stadtmauer in den 600-Seelen-Ort Stadt Blankenberg hinein.

Beim Rundgang durch Stadt Blankenberg fühlt man sich wie ins Mittelalter zurückversetzt: Wir spazieren vorbei an Fachwerkhäusern zu einem schmucken Marktplatz voller Kastanienbäume und weiter an der gut erhaltenen Stadtmauer entlang, die sich um den Ortskern schmiegt. Der **Grabenturm** im Norden war im 13. Jahrhundert der Torturm der Stadt, im **Katharinenturm** im südlichen Stadtteil ist heute ein Heimatmuseum untergebracht. Die Kirche **St. Katharina,** einstmals eine Klosterkirche, brannte 1983 vollständig ab und wurde einige Jahre später wieder aufgebaut. Zahlreiche Gaststätten am Marktplatz und in den Gassen laden zum Verweilen ein.

Wir aber wollen bald unsere Radtour fortsetzen und fahren zurück Richtung Bahnhof. Kurz nach der Stichstraße, die zu den Bahngleisen führt, überqueren wir rechts auf einer Brücke die Schienen und biegen links in den Radweg Attenbacher Feld ein. Von hier aus folgen wir immer der Beschilderung „Siegtal“. Der gut ausgebaute Weg führt durch das **Naturschutzgebiet Siegaue.** Weite Wiesen geben immer wieder den Blick auf den Fluss frei, bis wir nach Hennef gelangen.

Hennef war einst ein staatlich anerkannter Kneipp-Kurort, von dem noch der **Kurpark** übrig geblieben ist. Hier kann man Minigolf spielen und die aus einem Baumstamm gefertigte Walrossdame „Trude“ bestaunen. Den Beinen kann man eine Runde durch das Kneipp-Becken gönnen. Wer dem Park einen Besuch abstatten mag, biegt von der großen Frankfurter Straße links in die Beethovenstraße ein und fährt durch die Bahnunterführung. Wer die Radtour ohne diesen Abstecher fortsetzen will, biegt bereits nach wenigen Metern auf der Frankfurter Straße rechts hinter einem Bach in einen kleinen Weg ein und gelangt so auf die Siegpromenade und schließlich auf die Siegallee, die bald wieder aus der Stadt hinausführt.

Schnell finden wir uns in der Natur wieder und folgen auf Wegen und einem Damm dem Flusslauf

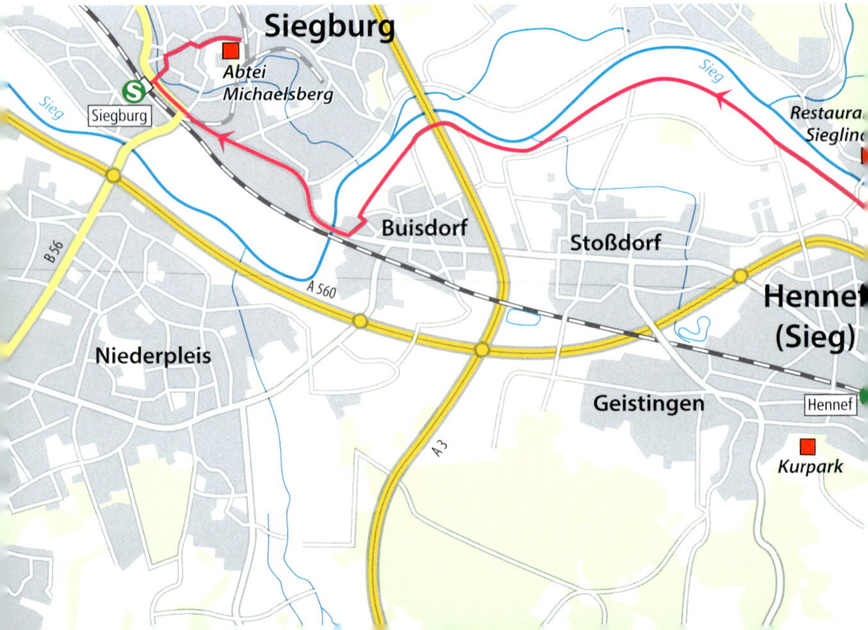

der Sieg. An der Eisenbrücke knapp einen Kilometer hinter Hennef lohnt es sich, den Siegtalradweg kurz zu verlassen und den Fluss zu überqueren: Auf der anderen Uferseite lockt der ruhige **Biergarten Sieglinde** mit Tischen unter schattigen Linden. Nach einer Pause setzen wir unsere Radtour links der Sieg entlang fort, bis wir nach **Siegburg** gelangen. Über die Straßenbrücke geht es immer geradeaus in die Innenstadt hinein bis zum Bahnhof.

Vor der Heimfahrt lohnt sich ein Besuch der **Servatiuskirche** am Marktplatz, nur einen Steinwurf vom Bahnhof entfernt. Hier ist der Servatiusschatz, einer der bedeutendsten Kirchenschätze der Welt, zu bestaunen. Darüber hinaus lohnt sich ein Abstecher zur barocken **Benediktinerabtei Michaelsberg** (► Seite 96). In der Abteikirche hängt mit sieben Bronzeglocken das größte Geläut der Stadt. Im Außenbereich finden sich Reste einer mittelalterlichen Befestigung mit Gärtchen und Wehrgang, zu dem auch der **Hexenturm** und das **Johannestürmchen** gehören. Von hier aus haben wir einen schönen Ausblick auf Bonn, das Siebengebirge und das Siegtal und können unsere Tour noch mal Revue passieren lassen.

Biergarten Sieglinde
Schöner Biergarten unter schattigen Linden.
Brückenweg 2
53773 Hennef
Tel. (0 22 42) 14 59
www.sieglinde-hennef.de
März–Okt. Mo–Sa ab 11.30, So/Fei ab 10 Uhr
Nov.–Feb. Mo–Sa ab 17, So ab 12 Uhr

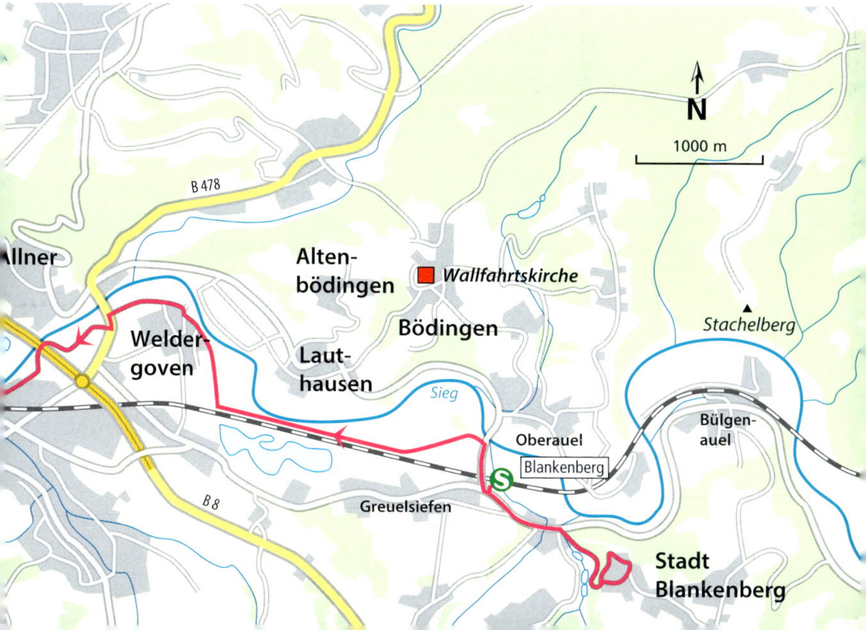

21 Siegburg –Overath
An der Agger entlang

Karte ▸ Seite 99

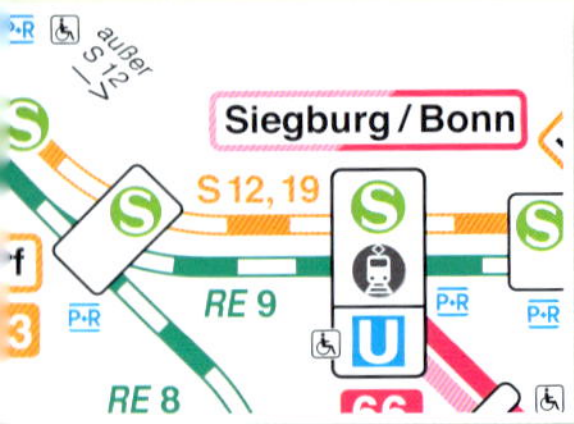

Radtour

Hinfahrt	Bhf. Siegburg (S12, S19), alle 30 Min.
Rückfahrt	Bhf. Overath, RB, alle 30 Min.
Verlauf	Siegburg – Lohmar – Overath
Länge	24 km
Tipp	Kombinierbar mit Tour 20

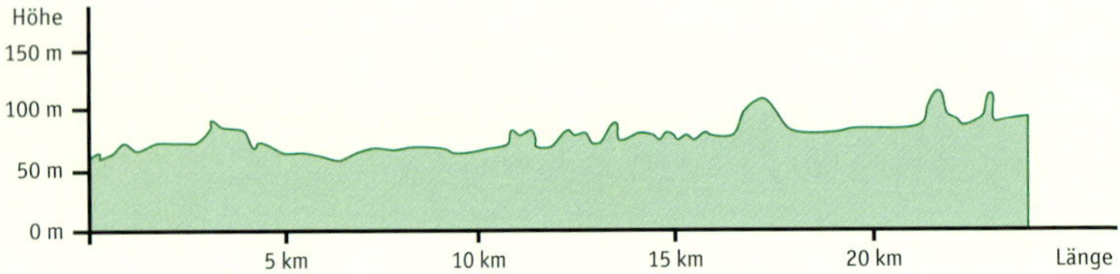

Im Sommer 2017 wurde der erste Abschnitt des Agger-Sülz-Radwegs eröffnet, der in den nächsten Jahren ein 115 Kilometer langer Rundweg werden soll. Wir nehmen uns einen Teilabschnitt an der Agger vor: von Siegburg bis nach Overath. Wem das nicht reicht: Das zweite ausgebaute Teilstück reicht von Rösrath nach Siegburg, an der Sülz entlang.

Los geht es am Bahnhof **Siegburg.** Wir verlassen das Bahnhofsgebäude Richtung City und wenden uns nach rechts. Vor dem Kreishaus zweigt links ein kleiner Weg ab, der uns zum denkmalgeschützten **Siegburger Mühlengraben** führt, an dem früher die Abtei Michaelsberg fünf Mühlen betrieb. Am Wasserlauf biegen wir nach rechts, folgen dem Kanal bis zur Mühlenstraße und fahren dort links und sofort wieder rechts. Wir gelangen zu einem Parkplatz und radeln unterhalb des Abteibergs entlang. Hier können wir einen Abstecher zur **Abtei Michaelsberg** machen. Die Abtei Michaelsberg wurde 1064 von Erzbischof Anno II. als Benediktinerabtei gegründet. Das Klostergebäude mit seiner

Anno 17
Café in den Räumen der ehemaligen Abteistuben.
Bergstraße 26
53721 Siegburg
www.anno17.de
Tel. (0 22 41) 2 51 71 60
Mo–Fr ab 15,
Sa/So ab 10 Uhr

weithin sichtbaren Kirche liegt auf dem Michaelsberg, rund 40 Meter oberhalb von Siegburg. Der ursprüngliche Bau wurde durch Brände zerstört und durch barocke Gebäude ersetzt. Sechs Mönche der Ordensgemeinschaft der Unbeschuhten Karmeliten und das Katholisch-Soziale Institut der Erzdiözese Köln (KSI) nutzen heute das Kloster.

Wo der Weg unter den Bäumen des Abteiberges endet, beginnt ein Radweg, dem wir bis zum nächsten Kreisverkehr und darüber hinaus immer geradeaus folgen. Wir schlängeln uns durch mehrere Drängelgitter hindurch und gelangen schließlich in den Wald. Ab hier begleitet uns die alte **Trasse der Aggertalbahn,** die im Laufe der Jahre ganz verwunschen zugewachsen ist. Durch den Wald folgen wir der Radbeschilderung, die uns unter anderem unter einer Straße hindurchführt und weiter an der Bahntrasse entlang bis zu einem Bach leitet. Kurz darauf unterqueren wir zwei weitere Brücken – eine davon ist die Autobahn – und gelangen an eine größere Straße. Auf dieser fahren wir links bis zur Aggerstraße. Wir unterqueren noch einmal die Autobahn und fahren rechts an der Agger entlang. Bald müssen wir den Fluss leider schon wieder verlassen und um einen Campingplatz an den Aggerauen herum radeln. Hinter einer Brücke biegen wir an einem Fachwerkhaus links und fahren noch einmal links, über die Brücke hinweg.

Wir gelangen in den Ort **Lohmar** und fahren geradeaus bis zu einer T-Kreuzung. An der Haupt-

Brücke über die Agger

Aueler Hof
Fachwerkhaus mit großem Biergarten.
Wahlscheider Straße 8
53797 Lohmar
Tel. (0 22 06) 52 79
Mo–Sa ab 11, So ab 10 Uhr

straße biegen wir links ab und folgen dem Radweg bis zu einer Tankstelle, an der linker Hand ein kleiner Weg abzweigt. Sofort hinter der Hecke geht es wieder rechts. Kurz darauf biegen wir links ab und folgen dem kleinen Jabach bis zu einer Schrebergartensiedlung. Hier unterqueren wir erneut eine Straße, biegen nach rechts und fahren über das Feld. Kurz vor der nächsten Straße halten wir uns links, fahren unter der Fahrbahn hindurch, bis wir auf eine weitere große Straße stoßen. Wir bleiben jedoch auf der ruhigen Dornrather Straße, bis die Agger einen Linksknick macht. An dieser Stelle beginnt der Dornheckenweg, dem wir bis zu einem Wegabzweig links in den Wald hinein folgen. Dort überqueren wir eine Holzbrücke und fahren rechts durch den Wald. Hier bieten sich schöne Plätze direkt am Ufer der Agger prima zur Rast oder für ein Picknick an.

Nachdem wir den Wald hinter uns gelassen haben, öffnet sich die Landschaft zu einer weitläufigen Wiese. Mehrere Bänke laden zur Rast mit fantastischem Ausblick ein. Im Weiler **Reelsiefen** halten wir uns rechts bis zu einer T-Kreuzung, wo es erst rechts und vor der Brücke wieder nach links geht. Nach dem Campingplatz folgt die nächste Wiesenlandschaft, wir passieren hübsche Bauern- und Fachwerkhäuser. Im Örtchen **Hitzhof,** das in der Tat nur aus einem großen Bauernhof besteht, halten wir uns rechts, durchfahren den Brückerhof und kommen in den Ortsteil **Schiffahrt.** Hier kreuzen wir erneut die Agger, halten uns links und folgen dem Flusslauf. Kurz hinter dem Rechtsknick befindet sich die **Naturschule Aggerbogen.** Das Naturzentrum mit seinem abwechslungsreichen Programm für Schulklassen, aber auch für Einzelpersonen, liegt in einem rund 16 Hektar großen Landschaftsgarten. Seit mehr als 20 Jahren bietet die Naturschule Kurse und Führungen an, um den Menschen die Natur nahezubringen und den Blick für die kleinen Wunder am Wegesrand zu schärfen.

Am Parkplatz der Naturschule halten wir uns links, unterqueren die Brücke und gelangen zum urigen **Aueler Hof** – Zeit für eine Pause im Bier-

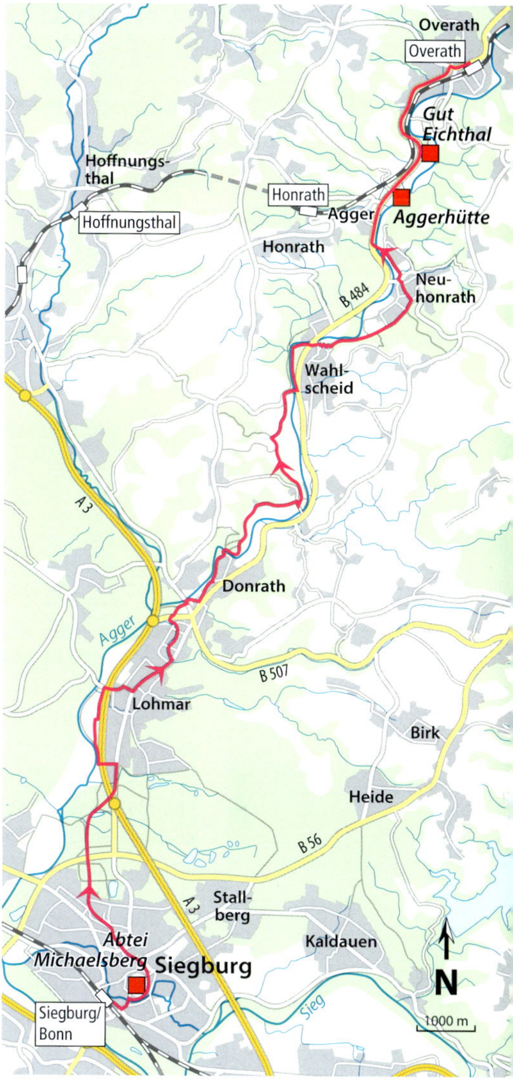

garten! Später geht es geradeaus weiter an anderen schönen Fachwerkbauten vorbei. In den anschließenden zwei Wohngebieten, unterbrochen durch ein Waldstück, folgen wir ein paarmal rechts und links den Radschildern, die uns zwischen Häusern und Waldrand entlangführen. Wir überqueren die Seelscheider Straße, lassen die Neuhonrath-Brücke links liegen und radeln geradeaus weiter. An der nächsten Gabelung halten wir uns links und kommen bald zu einer schmalen Holzbrücke, über die wir unser Rad schieben müssen. An der Bundesstraße folgen wir dem gut ausgebauten Radweg nach rechts. Rechter Hand taucht bald die denkmalgeschützte **Aggerhütte** auf, eine Erzhütte aus dem 18. Jahrhundert, später ein „Extractionswerk“ für die Herstellung von Knochenmehl.

Ebenfalls an der Bundesstraße liegt das **Gut Eichthal,** ein öffentlich zugängliches historisches Gutsgebäude aus dem frühen 19. Jahrhundert mit einigen Pavillons in einem englischen Landschaftspark. Hier lohnt sich ein Abstecher am Schild zum Gut. Am Ende der Tour folgen wir der Straße weiter bis nach **Overath** hinein. Am Kreisverkehr wenden wir uns nach rechts, und kurz darauf sind wir am Bahnhof Overath angekommen.

22 Oberhalb der Sieg
Drei Steigungen durch den Wald

Karte ▸ Seite 103

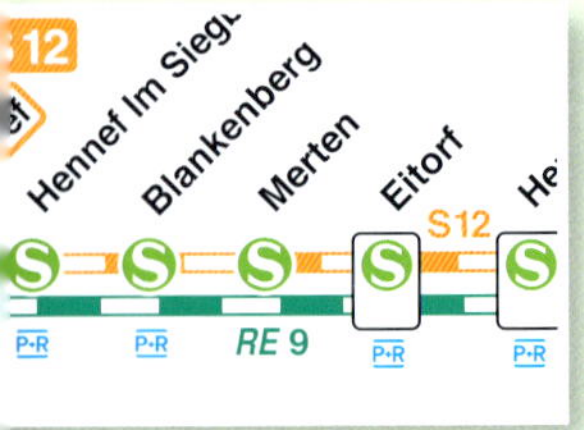

Wanderung

Hinfahrt	S-Bhf. Merten (Sieg) (S12, S19), alle 30 Min.
Rückfahrt	S-Bhf. Eitorf (S12, S19), alle 30 Min.
Verlauf	Merten – Gecksbitze – Bohlscheid – Eitorf
Länge	15 km

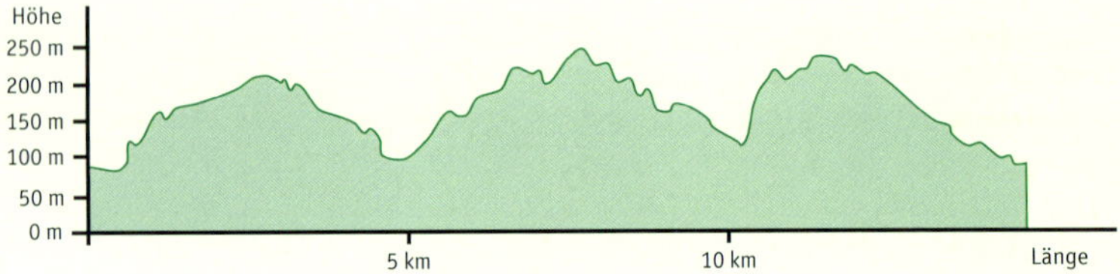

Unten schlängelt sich die Sieg durch die Landschaft, auf den Höhen windet sich der Wanderweg durch die Wälder. Die vierte Etappe des Natursteig Sieg gehört zu den kürzeren und gleichzeitig schönsten Abschnitten des Fernwanderwegs.

Der Bahnhof **Merten (Sieg)** scheint wie für Ruhe suchende Wanderer gemacht: Mitten im Wald steigen wir aus und genießen von der ersten Minute an die Natur. Wir halten uns vom Bahnsteig aus rechts Richtung **Natursteig Sieg** und Wildwiesenweg und starten nach ein paar Metern an der Straße links auf dem mit dem Symbol einer Flussschleife ausgeschilderten Zuweg des Natursteigs in den Wald hinein. Wir folgen dem plätschernden Mosbach, biegen am Ende des Weges nach rechts und gelangen in den kleinen Ort Merten. Am Ende der Straße Marienweg wenden wir uns nach links und sofort wieder nach links. Wer sich vor Beginn der Tour noch das **Schloss Merten** anschauen will, hält sich an der Agnesstraße stattdessen rechts und erreicht nach 300 Metern das ehemalige Klo-

Schloss Merten

Das im 15. Jahrhundert erbaute Schloss hat eine wechselvolle Geschichte hinter sich: vom Kloster zum Schloss, zur Wohn- und Ferieneinrichtung für ostdeutsche und kinderreiche Familien, und nun ist es ein Senioren- und Pflegeheim. Das Augustinerkloster brannte 1699 aus. Erhalten sind heute noch die große Agneskirche mit Doppelturm sowie der mittelalterliche Süd- und Ostflügel des Schlosses. Der Innenhof mit Teichanlage und Rosengarten, die Parkanlage sowie die romanische Kirche sind öffentlich zugänglich, in der Orangerie befindet sich ein Café.

ster. Alle anderen folgen auf der Schlossstraße der vierten Etappe des Natursteigs, halten sich an der nächsten Kreuzung links und steigen ein paar Meter weiter rechts die Treppe in den Wald hinauf.

Mit immer wieder schönen Aussichten auf die umliegenden Hügel geht es hinter der Treppe nach einem kurzen Anstieg rechts in einen breiteren Wirtschaftsweg, der nach einer Weile auf eine

Caféteria Orangerie im Schloss Merten
Café in der alten Orangerie mit hausgemachtem Kuchen und frischen Waffeln.
Alte Schloßstraße 14
53783 Eitorf
Tel. (0 22 43) 8 62 76
Di–Fr 15–17,
Sa/So 11–18 Uhr

Café Goethe
Rustikale Gemütlichkeit, von Frühstück über Torte bis Flammkuchen.
Brückenstraße 5
53783 Eitorf
Tel. (0 22 34) 8 47 32 30
www.cafe-goethe.de
Di–Fr 8–18, Sa/So 9–18 Uhr

Straße stößt. Wir laufen mit Vorsicht vor den passierenden Autos rechts rund 100 Meter an der Straße entlang und biegen am nächsten Abzweig links wieder in sicheres Gebiet ein. Sofort geht es wieder links durch eine Schranke, und der Wald öffnet sich. Lange brauchen wir die Sonnenbrille aber nicht aufzubehalten, denn bald wird der Wald wieder dichter, und wir folgen rechts einem kleinen Pfad. Durch einen hübschen Nadelwald geht es eine ganze Weile bergab, bis wir an einen breiteren Forstweg gelangen. Ein Wegweiser zeigt uns, dass wir uns noch immer auf dem richtigen Weg, dem Natursteig Sieg, befinden und rechts abbiegen sollen. Nun ist auch die zweite der drei Steigungen der Wanderung geschafft, und kurz darauf können wir an der 228 Meter hohen **Gecksbitze** Bergfest feiern. An der **Storker Hütte** mit zwei bequemen Bänken stoßen wir mit weitem Blick ins Tal und auf ein Dorf auf die Hälfte der Strecke an.

Weiter geht es mit Fernblicken auf einer Straße bergab. Am ersten Abzweig folgen wir dem Schotterweg nach links. Jetzt ist Schluss mit den schönen Aussichten, stattdessen tauchen wir wieder in den Wald hinein. An der T-Kreuzung biegen wir nach links und laufen weiter abwärts ins Tal. Kurz nach einer Schranke geht es rechts Richtung Ortseingangsschild **Schmelze.** Auch hier ist wieder Vorsicht geboten vor vorbeifahrenden Autos, die wir aber am nächsten Abzweig nach **Hatzfeld** schnell hinter uns lassen. Die Teerstraße führt uns an vereinzelten Häusern und Streuobstwiesen vorbei und wird bald zum Schotterweg. Kurz darauf biegen wir rechts in den Waldweg und folgen dem gluckernden Überbuschbach. An der nächsten Gabelung nehmen wir nach rechts die dritte und letzte steile Steigung in Angriff und wenden uns an der T-Kreuzung nach rechts. Wer vom Bergaufgehen müde geworden ist, den erwartet am Ende des Anstiegs eine etwas zugewachsene Bank mit Blick auf eine hübsche Wiese.

Kurz darauf haben wir die Etappe 4 des Natursteigs geschafft und erreichen **Bohlscheid,** wo die Etappe 5 beginnt. Nun liegen noch rund einein-

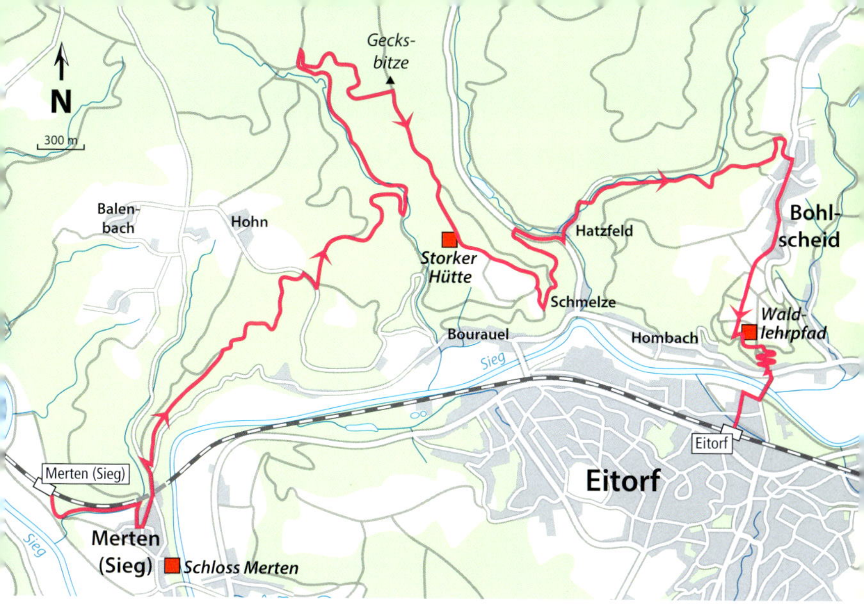

halb Kilometer bis zum Bahnhof Eitorf vor uns. Wir folgen rechter Hand der Straße durch das Dorf und biegen an der Straße „Zur Burg" rechts ab. Auf unserem Weg durch die Felder hindurch genießen wir noch einmal die Fernblicke über die hügelige Landschaft im Bergischen. Wo die Straße einen Rechtsknick macht, heißt es aufpassen: Hier fehlt die Markierung des Zuwegs. Statt der Straße zu folgen, laufen wir geradeaus über einen kurzen Wiesenweg in den Wald hinein, wo wieder die gelben Markierungen zu finden sind. Am nächsten Abzweig halten wir uns links und entdecken den **Waldlehrpfad** des Eichhörnchens „Kiki". Wer mit Kindern unterwegs ist, hat sicherlich Spaß daran, sich beim Wettlauf und Weitsprung mit den Tieren des Waldes zu messen. Die anderen biegen vor dem ersten roten Pavillon scharf nach rechts – auch hier fehlt ein Wegweiser – und laufen im Zickzack den Berg hinab. Unten angekommen haben wir **Eitorf** erreicht und überqueren die Sieg-Brücke. Am Ende der Brücke wenden wir uns nach rechts, biegen nach links in den Halesworth Path und gelangen über einen Schulhof direkt zum Bahnhof Eitorf, von wo aus uns der Zug nach Hause bringt.

23 Königswinter – Rhöndorf

Karte ▸ Seite 111

Rheinblick bis zum Horizont

Wanderung

Hinfahrt	Bhf. Königswinter, RB, ca. alle 30 Min.
Rückfahrt	Bhf. Rhöndorf, RB, alle 30 Min.
Verlauf	Königswinter – Drachenfels – Rhöndorf
Länge	6 km

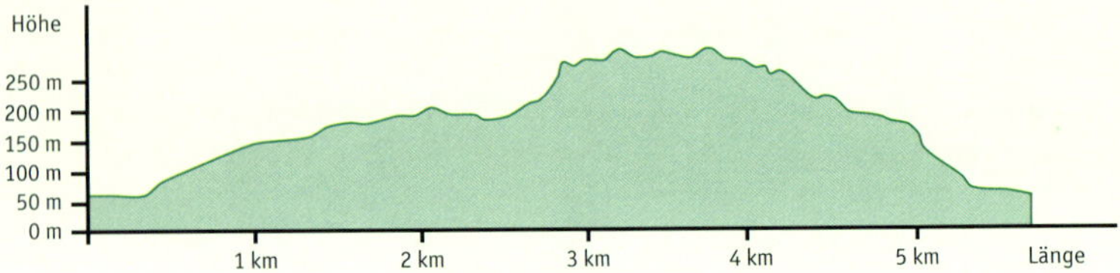

Der Drachenfels am Rhein mit der Drachenburg auf halber Höhe ist schon von Weitem sichtbar. Um den Ausblick von oben über das Rheintal zu genießen, müssen wir erst den Felsen erklimmen. Zwei Wege führen den Berg hinauf: der trubelige Eselsweg oder die Route durch das idyllische Nachtigallental.

Der größte Teil der Drachenfelsbesucher nimmt entweder die **Drachenfelsbahn** hoch auf den Gipfel oder wandert den asphaltierten **Eselsweg** hinauf, der an der Talstation der Drachenfelsbahn beginnt.

Auf dem Eselsweg finden sich eine ganze Reihe von Attraktionen, darunter zum Beispiel die **Nibelungenhalle** mit verschiedenen Gemälden, errichtet zum 100. Geburtstag Richard Wagners, der den „Ring des Nibelungen" komponiert hat. In der **Drachenhöhle** führt ein halbdunkler Gang die Besucher zu einem grünlich schillernden Weiher, an dem ein bemooster, 13 Meter langer Drache liegt. Der **Reptilienzoo** zeigt in mehr als 40 Terrarien rund 100 lebende Reptilien. Die Echsen, Kaimane, Krokodile und Alligatoren sind vor allem

Drachenfelsbahn
Die Zahnradbahn fährt Jan.–Mitte Nov. von der Talstation (Wegweiser ab Bhf. Königswinter) hinauf zum Drachenfels.
www.drachenfelsbahn-koenigswinter.de
Berg- und Talfahrt 10 €, Kinder 5,50 €
Einfache Fahrt 8 €, Kinder 5 €

Sea Life
Über 2 000 Tiere, mit Berührungsbecken.
Rheinallee 8
53639 Königswinter
Tel. (0 22 23) 29 70
www.visitsealife.com/de/de/koenigswinter
Tgl. ab 10 Uhr
14,95 €, Kinder 11,95 €

für Kinder sehr spannend. Im Imkerhäuschen lassen sich viele Produkte rund um den Honig erwerben. Alte **Automatenhäuschen** erzählen für ein paar Cent Märchen aus alter Zeit, und alle paar Meter lockt ein Essens- und Getränkestand.

Dank der vielen Sehenswürdigkeiten ist der Eselsweg vor allem an Wochenenden und bei gutem Wetter entsprechend voll. Wer dem Trubel entgehen möchte, sollte lieber die zweite Alternative wählen, um zur Drachenburg und auf den Aussichtsfelsen zu gelangen. Dazu wenden wir uns vom Bahnhof Königswinter aus Richtung Berge. Wer will, kann vorher natürlich die malerische Altstadt und die Promenade des Rheinstädtchens besuchen oder das **Aquarium Sea Life,** wo unter anderem das Leben der Flora und Fauna im Rhein anschaulich gezeigt wird und über 2000 Tiere auf die Besucher warten.

Mit der Drachenfelsbahn geht es direkt zum Gipfel

Wanderer folgen ab dem Bahnhof der Ladenstraße bis zur Unterführung der Bundesstraße. Direkt hinter der Unterführung beginnt der Wanderweg **Nachtigallental.** Am Mennesbach geht es unter schattigen Bäumen durch das lauschige Tal, bis wir zu einem Abzweig mit drei Wegen kommen. Wir wählen den ganz rechten und passieren bald das **Ostermann-Denkmal** vor einer kleinen Höhle. Dieses wurde zum Gedenken an den Kölner Liedermacher Willi Ostermann errichtet, der das Nachtigallental in seinem Siebengebirgs-Lied verewigt hat. In einem mäßig steilen Aufstieg erreichen wir hinter einer grünen Brücke schließlich das Ziel der ersten Haltestelle der Drachenfelsbahn: die **Drachenburg.**

Nach einer ausführlichen Besichtigung kehren wir wieder zum schattigen Waldweg zurück, statt

via Tipp

Schloss Drachenburg
Von der Prachttreppe über den Empfangssaal bis zur Kunsthalle: Beim Besuch des neogotischen Schlosses fühlt man sich wie in eine andere Zeit versetzt.
Drachenfelsstraße 118
53639 Königswinter
Tel. (0 22 23) 90 19 70
www.schloss-drachenburg.de
März–Okt. tgl. 11–18 Uhr
7 €, Kinder 5 €

den noch immer trubeligen Eselsweg zu wählen. Lohnenswert ist von hier aus ein Abstecher zum **Milchhäuschen,** einem traditionellen, aber nicht ganz billigen Ausflugslokal mitten im Wald, das nur zu Fuß erreichbar ist. Das historische Haus mit Fachwerkarchitektur, das erstmals 1826 erwähnt wurde, soll einst ein Teil des Burghofes gewesen sein. Um zu dem beliebten Ausflugsziel zu kommen, folgen wir, mit der Drachenburg im Rücken, der Beschilderung zum Milchhäuschen.

Wer direkt den Aufstieg zum **Drachenfels** in Angriff nehmen will, wendet sich hingegen nach rechts, wo ebenfalls gut sichtbar der Wegweiser zum Gipfel zeigt. Wir stoßen auf einen asphaltierten Weg und folgen diesem nach rechts bis zur oberen Bahnstation hinauf. Vom Glasrestaurant Drachenfels aus geht es die letzen paar Meter hoch bis zur **Burgruine,** wo eine grandiose Aussicht für die Mühen des Aufstiegs belohnt. Der Blick schweift durch das ganze Rheintal, jenseits des Flusses hinüber in die Eifel und im Hinterland auf die weiteren Gipfel des Siebengebirges.

Schließlich beginnen wir den Abstieg nach Rhöndorf. Nach der Überquerung der Schienen folgen wir dem schmalen Waldpfad nach rechts die Serpentinen hinab. In einer Kehre führt ein Weg geradeaus zu einem weiteren Aussichtspunkt über den Rhein. Nach Rhöndorf orientieren wir uns jedoch immer bergab und passieren dabei eine Schutzhütte und einen Turm, der als Denkmal für die im Ersten Weltkrieg gefallenen Soldaten errichtet wurde. Vom Turm aus können wir bereits einen ersten Blick auf den Winzerort **Rhöndorf** werfen. Unterhalb des Turmes wenden wir uns kurz nach links und direkt wieder nach rechts, um dem kleinen Weg hinunter ins Dorf, dem ehemaligen Wohnsitz Konrad Adenauers, zu folgen.

Bevor wir die Löwenburgstraße zum Bahnhof nehmen, lohnen sich ein Spaziergang durch die malerischen Gassen und eine Einkehr in eines der vielen Weinlokale. Auch das ehemalige **Wohnhaus Konrad Adenauers** kann in Rhöndorf besichtigt werden (► Seite 112).

Milchhäuschen
Lauschiges Restaurant mit Biergarten mitten im Naturpark Siebengebirge, nur zu Fuß zu erreichen.
Elsiger Feld 1
53639 Königswinter
Tel. (0 22 23) 90 90 00
www.milchhaeuschen.de
Di–So ab 10 Uhr

Drachenfels
Restaurant auf dem Gipfel mit unvergleichlichem Fernblick.
Auf dem Drachenfels
53639 Königswinter
Tel. (0 22 23) 29 69 90
www.der-drachenfels.de
Apr.–Sep. tgl. 10–19, März/Okt. tgl. 10–18 Uhr, Nov./Dez. verkürzt

Haus im Turm
Hervorragende Weine in schöner Atmosphäre.
Drachenfelsstraße 4–7
53604 Bad Honnef-Rhöndorf
Tel. (0 22 24) 7 79 99 11
www.hausimturm.de
Mo, Mi–Fr 17–22, Sa–So/Fei 12–22 Uhr

Schloss Drachenburg

Das Schloss Drachenburg wurde von 1882 bis 1884 als repräsentativer Wohnsitz für den Börsenmakler, Bankier und späteren Baron Stephan von Sarter erbaut, der das Schloss jedoch nie bewohnte. Nach seinem Tod erwarb der Neffe Sarters das im historistischen Stil der Neorenaissance und Neogotik gestaltete Gebäude und öffnete es für Besucher. Im Schlosspark errichtete er Blockhäuser für die Gäste, außerdem ein Restaurant im Schweizerstil.

Nach unterschiedlichen Nutzungen – darunter als katholisches Internat und als nationalsozialistische Kaderschule – sind das Schloss und der Park der Nordrhein-Westfalen-Stiftung Naturschutz, Heimat- und Kulturpflege unterstellt, die das Haus und den Garten restauriert hat. Ein Rundgang durch das repräsentative Gebäude mit seinem glanzvollen Treppenhaus, dem dekorativen Speisezimmer und den vielen weiteren frisch restaurierten Räumen lohnt allemal. Im Schloss ist auch das Museum zur Geschichte des Naturschutzes untergebracht.

24 Margarethenhöhe
Geschichte mit Fernblick

Karte ▸ Seite 111

Wanderung

Hin- & Rückfahrt	Bhf. Königswinter, RB, ca. alle 30 Min., dann weiter mit Bus 521 bis Hst. Margarethenhöhe, alle 30–60 Min.
Verlauf	Margarethenhöhe – Großer Ölberg – Petersberg – Margarethenhöhe
Länge	11 km

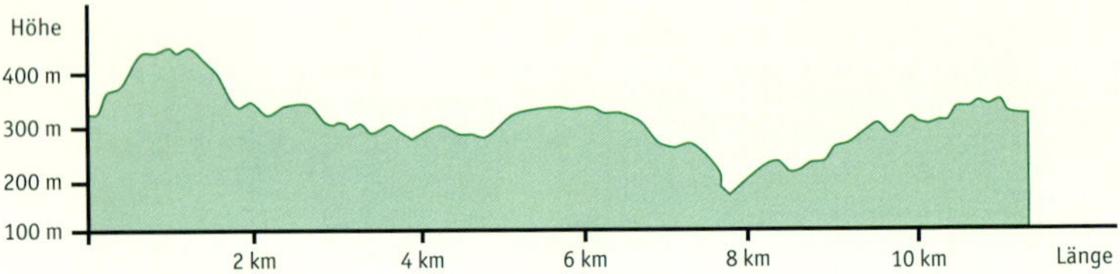

Diese Tour über die Höhen des Siebengebirges bietet sich vor allem bei sonnigem und klarem Wetter an, denn sie führt weitgehend durch schattigen Wald und bietet hervorragende Ausblicke vom Großen Ölberg und vom Petersberg – mehrere Einkehrmöglichkeiten inklusive.

Bei der Anfahrt zum Ausgangspunkt der Wanderung ist man froh, dass es einen Bus gibt: Steil hinauf führt die Straße bis zur Haltestelle **Margarethenhöhe.** Gegenüber vom Parkplatz an der Landstraße biegen wir in den Ölbergringweg ein, der uns am Margarethenkreuz und der gleichnamigen Gaststätte sowie an einem Waldparkplatz vorbeiführt. Nun folgen wir den gelben Zeichen des Rheinsteigs immer bergauf. Wer an Abzweigen unsicher ist: Es geht immer den steilsten Weg hinauf.

Bald gelangen wir zum Fuß einer Treppe. Diese und der Weg links daneben führen gleichermaßen hinauf zum Gasthaus auf dem Ölberg, das auf dem Gipfel des **Großen Ölbergs** liegt. Der Große Ölberg ist mit 460 Metern der höchste Berg im Siebengebirge. Der **Kleine Ölberg** befindet sich ein paar

Gasthaus auf dem Ölberg
Schöne Sonnenterrasse mit einem fantastischen Ausblick.
Ölbergringweg 100
53639 Königswinter
Tel. (0 22 23) 2 19 19
www.gasthaus-oelberg.de
Mi–So ab 9 Uhr

Meter weiter nördlich. Von der Sonnenterrasse der Gaststätte aus genießen wir den Blick über das Siebengebirge und den Rhein. Bei guter Sicht kann man im Norden bis weit hinter den Kölner Dom und im Süden bis in den Taunus schauen. Auch unser nächstes Ziel, den Petersberg, können wir von hier aus schon erkennen.

Nach einer Stärkung geht es wieder die Treppe hinunter. Unten angekommen, folgen wir dem Schriftzug auf einem Stein Richtung Petersberg. Am ersten Abzweig halten wir uns links, am zweiten rechts hügelabwärts, wo wir auf einen größeren Waldweg stoßen. Hier geht es nach rechts und an einer Hütte weiter geradeaus – wir bleiben auf dem Hauptweg. Wer möchte, kann einen 1,5 Kilometer langen Rundweg um den Berg **Wasserfall** herum machen, der einige schöne Ausblicke auf den Drachenfels und die Wolkenburg bietet.

Kurz nachdem der Abstecher wieder auf den Hauptweg trifft, halten wir uns an der Kreuzung weiter geradeaus Richtung Petersberg. Bald öffnet sich rechts der Wald, und der Blick über die offene Wiese schweift hinauf zum Ölberg, wo wir vor nicht allzu langer Zeit noch den Ausblick genossen haben – Grund genug, sich auf die Schulter zu klopfen, weil wir schon etliche Höhenmeter hinauf und hinunter geschafft haben.

An der nächsten Kreuzung mit mehreren Wegen halten wir uns auf dem Asphaltweg halb rechts, bis wir zum **Einkehrhaus Waidmannsruh** gelangen. Wer möchte, kann auch hier noch einmal einen Zwischenstopp einlegen und einen Kaffee auf der hübschen Terrasse trinken – aber bis zur nächsten Einkehrmöglichkeit ist es auch nicht mehr weit.

Einkehrhaus Waidmannsruh
Mit schöner Terrasse mitten im Naturpark Siebengebirge.
Rosenau 13
53639 Königswinter
Tel. (0 22 23) 2 45 20
www.einkehrhaus-online.de
Mi–Mo 10–18 Uhr

Der Große Ölberg zum Greifen nah

Vom Ölberg hat man einen weiten Blick übers Land

Anschließend entscheiden wir uns für den Waldweg geradeaus, der wiederum Richtung Petersberg weist. Bald geht es in steilen Serpentinen den Weg hinauf bis zum Ziel: dem Aussichtsrestaurant auf dem **Petersberg,** das sich hinter dem Parkplatz befindet. Ende des 19. Jahrhunderts entstand auf dem Petersberg ein erster Wohnplatz, kurz darauf auch ein Hotel, zu dem seinerzeit noch die Petersbergbahn führte. Ferdinand Mülhens, Inhaber des Parfumhauses 4711, ließ das Gebäude 1912 bis 1914 zu einem neobarocken Kurhotel umbauen und eröffnete bald darauf die Rheinterrassen. Nach dem Zweiten Weltkrieg diente der Petersberg zunächst als Erholungsheim für belgische Besatzungstruppen, später wurde er Sitz der Alliierten Hohen Kommission mit Vertretern der Siegermächte in Deutschland. Hier unterzeichnete Bundeskanzler Konrad Adenauer am 22. November 1949 das Petersberger Abkommen. Von 1955 bis 1969 und wieder seit 1990 dient das Grandhotel auf dem Petersberg als Gästehaus der Bundesrepublik Deutschland. Die schicke Restaurantterrasse des Steigenberger Hotels und auch der darunterliegende Aussichtspunkt mit Mauer zum Verweilen bieten den Besuchern einen erstklassigen Blick über den Rhein auf die Eifel. Linker Hand ist das **Schloss Drachenburg** (► Seite 107) zu erkennen. Je klarer die Luft, umso besser ist der Ausblick.

Haben wir uns sattgesehen, geht es wieder die Serpentinen hinunter. An der Kreuzung mit der

Biergarten Petersberg
Terrasse mit tollem Blick ins Rheintal.
Im Steigenberger Grandhotel Petersberg
53639 Königswinter
Tel. (0 22 23) 74-0
Tgl. 12–20 Uhr

großen Buche wenden wir uns nach rechts und folgen der blauen Rheinsteig-Beschilderung Richtung Drachenfels. Ein kleiner Pfad führt uns über eine lichte Wiese, auf der zwischen den mächtigen Eichen nicht selten Schafe grasen. Bald wird der Wald wieder dichter, und wir folgen dem Weg bergab bis zur Landstraße, zu der parallel ein Fußweg durchs Grün verläuft.

An der Gabelung überqueren wir nach rechts eine Fußbrücke über die Straße. Wir gehen links an einer Schutzhütte vorbei in autofreie Höhen. An einer T-Kreuzung biegen wir nach links auf den Hauptweg und folgen diesem bis zum Schluss. Dabei passieren wir ein **Denkmal für Berthold von Nasse,** einem Förderer des Naturschutzes im Siebengebirge. Der Grillplatz im gegenüberliegenden Steinbruch am Nasseplatz bietet sich zudem für eine Pause an. Vorbei an der Lohrbergquelle und einigen hübschen alten Häusern gelangen wir zurück zu unserem Ausgangspunkt, der Margarethenhöhe.

25 Zur Löwenburg
Hoch zur Burg, dann durchs Tal

Karte ▸ Seite 115

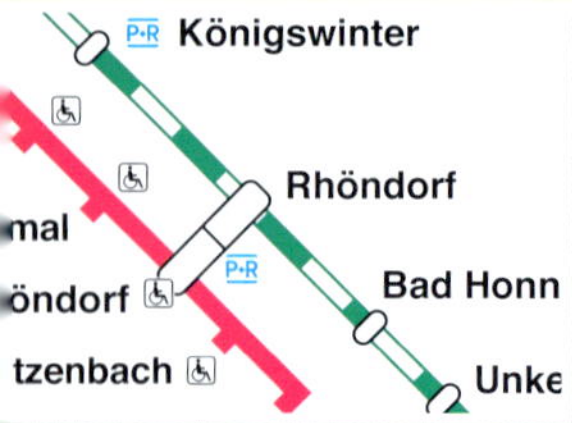

Wanderung

Hin- & Rückfahrt	Bhf. Rhöndorf, RB, ca. alle 30 Min.
Verlauf	Rhöndorf – Rommersdorf – Löwenburg – Tretschbachtal – Rhöndorf
Länge	11 km

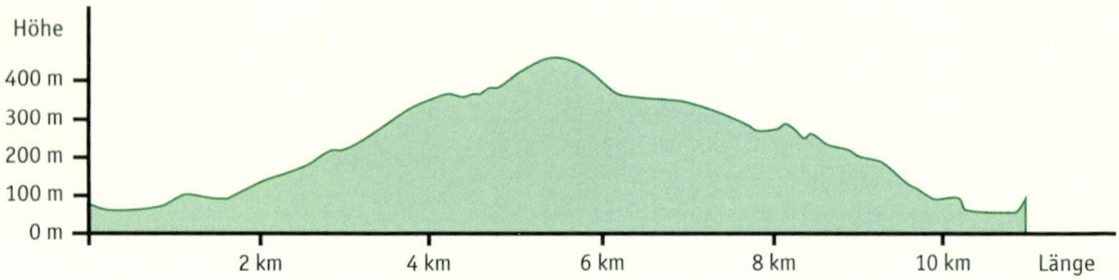

Der Weg zur Löwenburg ist steil, aber der wackere Wanderer wird bei klarem Wetter mit einem traumhaften Ausblick über das Siebengebirge, den Rhein und weit darüber hinaus belohnt.

Auch wenn der Rhein direkt vor der Tür des Bahnhofs in **Rhöndorf** lockt, wenden wir uns in die andere Richtung, um unsere Tour zur Löwenburg zu starten. Wir laufen rechts in die Karl-Broel-Straße, die uns zur Rhöndorfer Straße führt. Hinter der hübschen **Marienkapelle** wenden wir uns nach links in den Frankenweg, dem wir 600 Meter folgen. Wer mag, kann hier noch einen Abstecher zum ausgeschilderten **Adenauer-Haus** machen. Das einstige Wohnhaus des ersten Bundeskanzlers dient heute als öffentliche Gedenkstätte.

Vom Frankenweg zweigt die Straße Am Sperrbaum links ab, der wir bis zum Brieberichweg folgen, wo es nochmals nach links geht. Kurz darauf an einer T-Kreuzung verlassen wir das Wohngebiet mit seinen schönen Häusern und tauchen rechts in den Wald ein. Wo sich der Baumbestand lichtet, können wir einen ersten Blick auf den Rhein

Gedenkstätte Adenauer-Haus
Ausstellung zu Adenauer und Führungen durch sein Wohnhaus mit Garten.
Konrad-Adenauer-Straße 8c
53604 Bad Honnef-Rhöndorf
Tel. (0 22 24) 92 12 34
www.adenauerhaus.de
Okt.–Apr. Di–So 10–16.30, Mai–Sep. bis 18 Uhr

Lohn für den steilen Aufstieg zur Löwenburg ist eine grandiose Aussicht

werfen – denn wir sind mittlerweile schon einige Höhenmeter hinaufgestiegen. Vor der Bank des Verschönerungsvereins Siebengebirge biegen wir nach links ab und halten uns am Waldrand wieder links. Bald gelangen wir an den ersten Wegweiser zur Löwenburg, der uns nach links schickt.

Wer nun schon eine Pause braucht, kann an der Heisemicher Hütte eine Rast einlegen. Anschließend geht es halblinks weiter, an der folgenden Gabelung dann ebenfalls nach links. Durch einen schattigen Wald laufen wir an der nächsten Gabelung nach rechts den Berg hinauf bis zur **Breiberghütte.** Hier lohnt sich auf jeden Fall eine kurze Pause, um den Blick auf beiden Seiten des Weges über das dicht bewaldete Siebengebirge zu werfen. Bislang ging es ununterbrochen nach oben. Nun können wir endlich einen kleinen Streckenabschnitt bergab genießen. Doch das Vergnügen ist nur von kurzer Dauer: Es geht schon wieder bergauf durch den Wald. Wir ignorieren alle Abzweige und halten uns immer geradeaus. Nach dem letzten steilen Anstieg stehen wir vor dem nächsten Wegweiser, der uns nach links schickt. Auch an der

Löwenburger Hof
Idyllisch gelegene Waldwirtschaft mit Blick über das Siebengebirge.
Löwenburger Straße 30
53639 Königswinter
www.loewenburger-hof.de
Tel. (0 22 23) 2 44 46
Mi–Mo 10–18.30 Uhr, im Winter bis zur Dämmerung

nächsten Abzweigung halten wir uns links, der Weg wird breiter, und der Wald lichtet sich. Nun ist definitiv Zeit für eine längere Pause, denn hier lädt die Terrasse der Waldwirtschaft **Löwenburger Hof** mit Blick über die Löwenburger Streuobstwiese zum Verweilen ein.

Wer seine Verpflegung selber mitgebracht hat, kann stattdessen an der folgenden Gabelung den rechten Weg bergauf nehmen. Am nächsten Wegweiser wenden wir uns rechts und direkt wieder rechts und erklimmen die letzten steilen 600 Meter hinauf zur **Löwenburg.** Hier haben wir uns das Picknick redlich verdient – entweder im unteren Teil der Ruine auf der Mauer mit Blick auf das Siebengebirge oder im oberen Teil, der über eine Treppe zu erreichen ist, wo wir bei klarem Wetter kilometerlang den Rhein entlangschauen können. Wer keinen Platz auf der Bank unter dem Feldahorn findet, kann auf der Mauer Platz nehmen und dort Ausblick und Picknick genießen. Die mittelalterliche Ruine Löwenburg steht auf dem 455 Meter hohen gleichnamigen Berg im Siebengebirge. Sie wurde in der zweiten Hälfte des 12. Jahrhunderts von Heinrich II., Graf von Sayn, als Grenzfeste gegen die Burgen Drachenfels (► Seite 106) und Wolkenburg errichtet. Durch Kriegszüge Ende des 16. Jahrhunderts wurde sie zur Ruine. Bronzetafeln zeigen das ursprüngliche Aussehen der Burg.

Anschließend geht es wieder die 600 Meter bergab, und wir wenden uns nach rechts. Am nächsten Abzweig geht es nach links in einen Hohlweg, der an einem großen Weg endet. Einmal links und sofort wieder rechts auf einen kleinen Pfad tauchen wir ins **Tretschbachtal** ein. Der Bach entspringt an dieser Stelle und begleitet uns leise gurgelnd ein ganzes Stück dieses idyllischen Streckenabschnitts. Wir kreuzen den Bach mehrere Male über Holzbrücken, und Holzbohlen helfen uns über matschige Stel-

Geheimnisvoll: die Römerquelle

len hinweg. An der nächsten Kreuzung mit einem Wegweiserstein geht es rechts weiter am Bach entlang durch das Tretschbachtal bis zur Annahütte an einem kleinen Teich. Wir nehmen hier den kleinen Weg links von der Hütte und halten uns links am Geländer, um ab hier dem Möschbach durch das Annatal zu folgen.

Ein kurzer Stopp lohnt an der **Römerquelle,** die Hubert Schaaffhausen 1847 anlegen ließ, um seine Villa in Rommersdorf mit Wasser zu versorgen. Das verwunschene Türchen zur Quelle regt die Fantasie an: Welche Elfen und Waldwesen wohl hier hausen mögen? Im weiteren Verlauf unseres Weges lassen wir den Bach zu unserer Rechten weiter fließen, bis wir zum Ortsrand von Rommersdorf gelangen. Wir folgen der Wohnstraße bis zur Möschbachstraße, vor uns ist die denkmalgeschützte **Villa Schaaffhausen** zu sehen, über deren Zukunft derzeit noch diskutiert wird. Wir wenden uns an der Brücke gegenüber der Möschbachstraße nach links in den Finkenweg, der als ein schmaler Pfad zwischen Gärten hindurch bis zu einem Drehkreuz führt. Hier stoßen wir wieder auf den Brieberichweg und die Straße Am Sperrbaum, und über den bekannten Frankenweg und die Rhöndorfer Straße gelangen wir zurück zum Bahnhof.

26 Unkel – Linz

Wandern auf hohem Niveau

Karte ► Seite 119

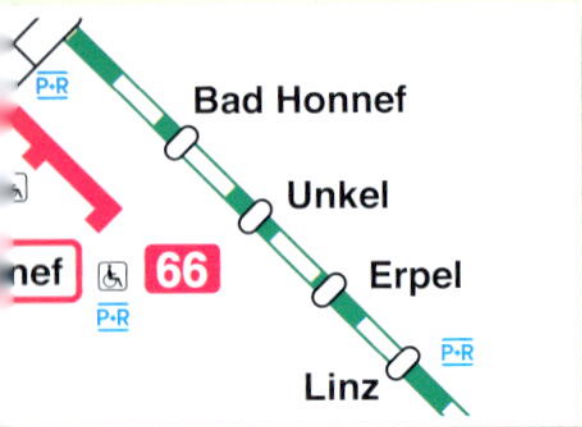

Wanderung	
Hinfahrt	Bhf. Unkel, RB, ca. alle 30 Min.
Rückfahrt	Bhf. Linz, RB, ca. alle 30 Min.
Verlauf	Unkel – Erpel – Linz
Länge	9 km

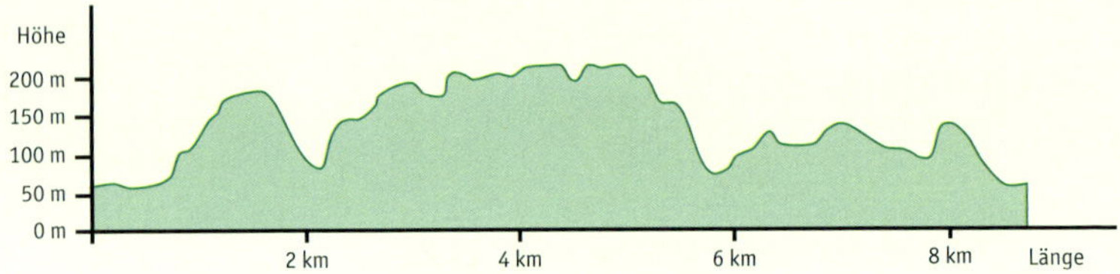

Bergauf und bergab geht es auf dieser Tour über den Rheinsteig. Dieser 320 Kilometer lange Fernwanderweg von Bonn nach Wiesbaden hat es in sich: Er bietet nicht nur anspruchsvolle Wanderetappen hoch über dem Rhein, sondern auch immer wieder schönste Ausblicke auf den Fluss. Ein besonders abwechslungsreicher Streckenabschnitt ist der Weg von Unkel nach Linz.

Vom Bahnhof in **Unkel** aus laufen wir in Fahrtrichtung entlang der Schienen bis zu einer Unterführung. Hier finden wir das erste Mal den Wegweiser, der uns zum **Rheinsteig** führt. Das Praktische an diesem Fernwanderweg sind nämlich auch die ausgeschilderten Zuwege von allen Bahnhöfen an der Strecke.

Auf der anderen Seite der Unterführung gehen wir nach rechts und folgen den Straßen „In der Persch" und Winzerweg. Wir überqueren die Bundesstraße und wenden uns auf der anderen Seite auf dem asphaltierten Gehweg am Weinberg entlang nach rechts. Links geht es auf die Landstraße 252, und zehn Meter weiter beginnt schon der

Wanderweg den Berg hinauf. Der Weg schlängelt sich in kleinen Serpentinen nach oben. Am nächsten Abzweig machen wir einen kleinen Abstecher nach rechts zur **Stuxhöhe** – später folgt jedoch noch ein weitaus schönerer Aussichtpunkt, sodass kein langer Aufenthalt nötig ist.

Wieder zurück auf dem Rheinsteig gehen wir den Weg weiter bis zur nächsten Gabelung und folgen dort dem blauen Rheinsteigzeichen nach rechts. Beim nächsten Abzweig geht es erneut nach rechts und endlich bergab. An der nächsten Gabelung wählen wir den linken, breiteren Weg, vorbei an einer kleinen Jesusfigur am Kreuz.

Über eine Wildblumenwiese, auf der eine bequeme, moderne Bank zum Verweilen einlädt, gelangen wir zu einem asphaltierten Weg, der nach Erpel hineinführt. Wir verlassen die Straße jedoch schon am nächsten Abzweig nach links. Steil bergauf gehen wir aus dem Wald heraus an einer Obstwiese vorbei und nach **Orsberg** hinein. Auf der Kapellenstraße geht es durch das Dorf. Besonders hübsch sind hier die kleine **Kapelle St. Josef** sowie die malerischen Fachwerkhäuschen an der Orsberger Straße, in die wir nach links abbiegen. Gegenüber dem Ehrenmal, am Haus mit dem Schild „Zum Brünnchen", folgen wir der Gasse nach rechts, die uns an Hinterhöfen und Gärten vorbeiführt. Als Rastplatz bietet sich hier die Veranda eines Jagdhäuschens an, über dem Eingang hängt zünftig ein Hirschgeweih.

Gaststätte Bergesruh
Hausgemachte Kuchen und eine umfassende Speisekarte.
Erpeler-Ley-Plateau
53579 Erpel
Tel. (0 26 44) 33 24
www.erpelerley-bergesruh.de
Di–Sa 10–21 Uhr,
So/Fei 9–21 Uhr,
Mitte Dez.–Mitte März geschlossen

Unterwegs hat man immer wieder eine schöne Sicht auf den Rhein

Linz hat eine sehr hübsche Altstadt mit netten Cafés und Weinlokalen

Über eine private Pferdekoppel geht es weiter durch eine idyllische Wiese und in einen Buchenwald hinein. An der Weggabelung gehen wir rechts auf einen befahrbaren Waldweg, an dem die **Erpeler Ley,** ein Basaltfelsen, ausgeschildert ist. Noch einmal geht es nach rechts, bis wir einen der schönsten Aussichtspunkte auf dem Rheinsteig erreichen. In römischer Zeit diente der Fels als Steinbruch, seit 1941 steht er unter Naturschutz.

Nach dem Rundweg über die Erpeler Ley geht es zurück Richtung Kasbach durch den Wald. Am ersten Abzweig wählen wir den rechten Weg und wenden uns auch am Hauptwanderweg wieder nach rechts. Bald treffen wir auf eine Treppe, die uns nach **Kasbach** führt. Rechter Hand ist bereits unser Ziel Linz ausgeschildert. An einer kleinen Kapelle vorbei biegen wir an der nächsten Kreuzung nach links in den Hödenbuschweg. An der Gabelung gehen wir links und unterqueren eine Eisenbahnbrücke, nach der wir uns erst rechts und dann weiter geradeaus halten. An einem romantisch plätschernden Bach entlang kommen wir in einen Buchenwald, der uns bis zur nächsten Ortschaft begleitet: nach **Ockenfels.** Die Straße „Auf dem Eschert" führt uns, bevor die Straße einen Linksknick macht, auf einen schmalen Pfad zwischen Gärten hindurch.

Wir folgen einem Schild, das uns rechts nach Linz schickt, bis zur **Burg Ockenfels.** Ursprünglich hieß sie Burg zur Leyen, benannt nach ihrem Herren aus dem 13. Jahrhundert, dem Ritter Johann von der Leyen. Nach mehreren Besitzerwechseln wurden die Gemäuer bei den Auseinandersetzungen der Kölner Stiftsfehde zerstört und im 17. Jahrhundert als „Starke Veste" wieder aufgebaut. 1918 gelangte sie in den Besitz der Stadt Linz. Nachdem die Cellitinnen zur hl. Maria in der Kupfergasse in Köln auf der Burg ein Erholungs- und Altenheim für ihre Schwestern eingerichtet hatten und das Gebäude später als Burghotel genutzt wurde, ist sie mittlerweile der Präsentations- und Verwaltungssitz der Schuhmarke Betula und der Birko Orthopädie. Leider ist die Burg jedoch nicht öffentlich zugänglich und daher nur von außen zu besichtigen.

Wir laufen die Burgstraße hinab, die eine schöne Sicht auf **Linz** bietet. In der scharfen Rechtskurve gehen wir in die Talstraße über. An der Hausnummer 26 geht es rechts in die Stichstraße ab, und wir folgen am Ende einem Trampelpfad leicht bergauf. Immer geradeaus bleibend, gelangen wir schließlich zur Straße „Lohhohl". Wer einen Abstecher in den Ort mit seiner hübschen Fußgängerzone und den imposanten Stadttoren machen will, folgt der Straße nach links und hält sich an der Gabelung rechts. Dort geht die Straße „Im Bondorf" ab, die uns in die Innenstadt führt, wo diverse Weinlokale zum Umtrunk einladen, wie beispielsweise das im mittelalterlichen Ambiente gehaltene „Wein im Hof" mit Obstbrennerei, Ausschank und Verkauf.

Direkt zum Bahnhof geht es am Lohhohl geradeaus weiter über einen Fußweg, der uns zur Straße „Am Sändchen" bringt. Wir biegen nach rechts, unterqueren die Schienen und laufen erneut nach rechts zum Bahnhof Linz.

Wein im Hof
Edle Weine in mittelalterlichem Ambiente.
Mühlengasse 1
53545 Linz am Rhein
Tel. (0 26 44) 23 15
www.wein-im-hof.de
Mi–So 15–23 Uhr

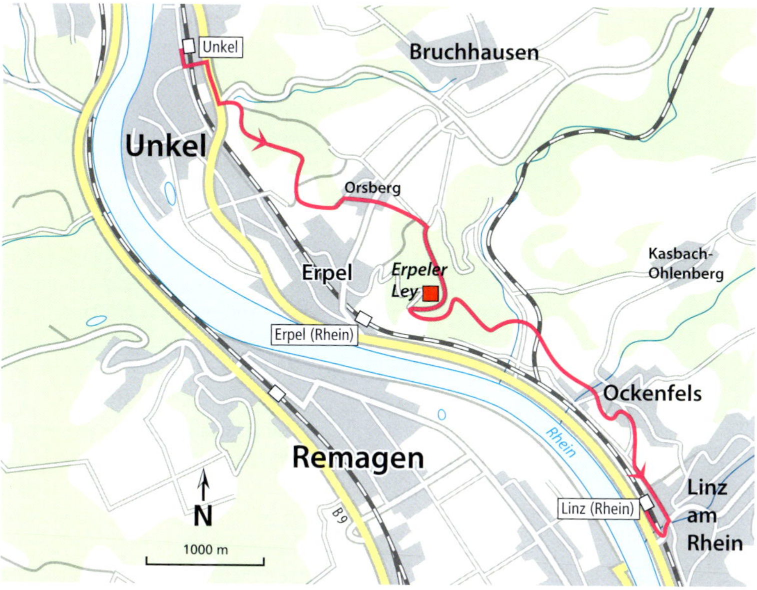

27 Rheinbrohl
Auf den Spuren der Römer

Karte ▸ Seite 123

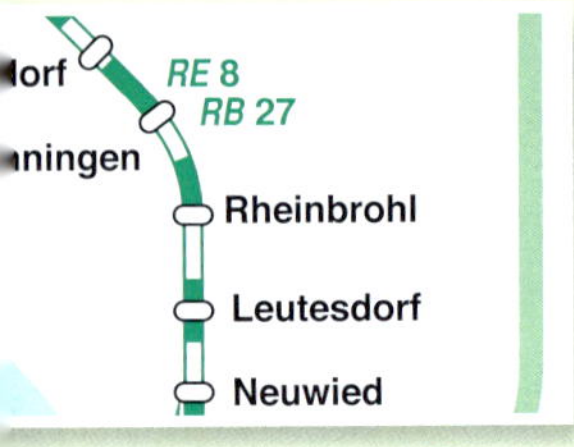

Wanderung

Hin- & Rückfahrt	Bhf. Rheinbrohl, RB, alle 60 Min.
Verlauf	Rheinbrohl – Forsthof – Wilhelmsruh – Arienheller – Rheinbrohl
Länge	16 km

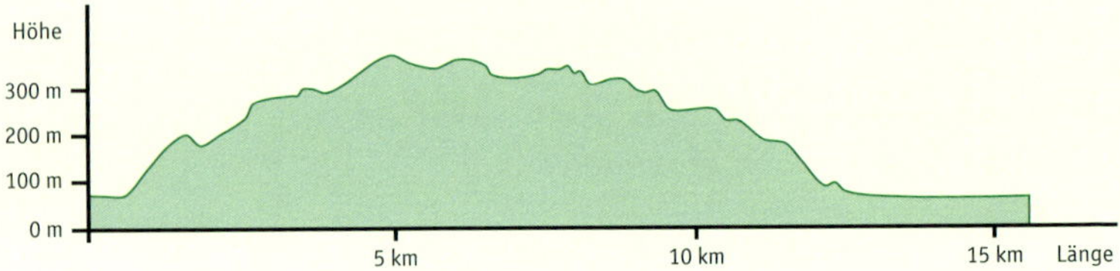

Von Rheinbrohl aus folgen wir ein Stück dem Wanderweg auf dem Limes, der im Jahr 2005 von der UNESCO zum Welterbe ernannt wurde. Immer wieder treffen wir bei unserer Wanderung auf Zeugnisse vergangener Zeiten.

Nicht weit vom Bahnhof in Rheinbrohl entfernt finden wir die ersten Informationen über den Obergermanisch-Raetischen **Limes,** der in **Rheinbrohl** beginnt und 550 Kilometer später an der Donau endet. Wir folgen nur ein Stück dem geschichtsträchtigen Weg, der am **Römerplatz** anfängt. Den lauschigen Platz mit Wandmalereien aus dem Leben der Römer erreichen wir vom Bahnhof aus, indem wir uns auf der Hauptstraße nach links wenden. Hier finden sich eine Infotafel zum Welterbe und eine Handvoll Restaurants.

Nachdem wir uns über die Hintergründe des Limes informiert haben, gehen wir ein Stück die Hauptstraße zurück, um links in die Bachstraße einzubiegen. Auf der Kehrstraße nach rechts unterqueren wir die Bundesstraße, bis wir an einem Fachwerkhaus zwei Schilder zum Ehrenmal sehen.

Schon die Römer profitierten vom Fernblick am Limes

Limes

Was einst eine einfache Wegschneise gewesen war, bauten Kaiser Hadrian (um 120 n. Chr.) und Antoninus Pius (um 160 n. Chr.) zu einem Barrieresystem aus: Der Limes wurde zu einer überwachten Grenze, an der Ein- und Ausreisen kontrolliert sowie Waren verzollt und gehandelt wurden. Rund 900 Wachtürme sicherten die 550 Kilometer lange Grenze zwischen dem Rhein und der Donau. Mitte des 3. Jahrhunderts wurde die Grenzanlage wegen innerrömischer Auseinandersetzungen aufgegeben.

Wir folgen dem Wegweiser nach rechts und lassen uns ab da von der weiteren Beschilderung leiten. Kurz hinter dem **Ehrenmal,** einem kleinen weißen Haus mit Rheinblick, lohnt sich ein Abstecher zum grandiosen Ausblickspunkt, von dem aus man dem Rhein weit in beide Richtungen folgen kann.

Wir gehen den Weg ein Stück zurück bis zur Kreuzung. Statt linker Hand wieder nach Rheinbrohl zu gehen, wählen wir den rechten Fahrweg, der uns zum Annahof führt. Es folgen der Magdalenenhof und der Berghof, bevor wir in den Buchenwald eintauchen. Erst beim **Forsthof,** wo wieder eine Einkehr möglich ist, treten wir aus dem Wald heraus. Wir folgen weiterhin der Beschilderung R des **Rheinhöhenwegs** und wenden uns dazu am Hof nach links. Über einen Asphaltweg gelangen wir wieder in den Wald hinein.

Nun heißt es Augen offen halten, denn hier beginnt der Limeswanderweg. Rechts hinter den Bäumen blitzt bald das **Römerturmsymbol XIII** auf. Viel zu sehen gibt es an dieser Stelle – wie an den meisten anderen Symbolschildern – nicht: Die Fundamente der ehemaligen Römertürme sind meist von Pflanzen überwuchert. Oft sind jedoch noch runde Mulden zu erkennen, in denen die Türme einst gestanden haben.

Nach dem Römerturmhinweis XIII geht es an der T-Kreuzung nach links weiter auf dem Limesweg. Hinter dem Weiherhof finden wir das nächste Schild mit der Nummer XII, das auf ein Feld zeigt. Hier fällt der Blick auf einen eingezäunten Grashügel, auf dem damals ein Turm gestanden hat. So folgen wir weiter dem Limesweg, immer auf der Suche nach dem nächsten Römerturmsymbol.

Wo die Kreisstraße einen Knick macht, laufen wir geradeaus auf den Wanderparkplatz zu. Hinter der Turnerhütte Wilhelmsruh wendet sich unser Weg nach links, vorbei am Turmschild X und durch eine Schranke hindurch. Direkt dahinter stoßen wir auf eine **Köhlerei,** wo auf einer Schautafel und in einer kleinen Hütte die Holzkohleherstellung in der Römerzeit beschrieben wird. An der Gabelung folgen wir weiter dem Römersymbol zum Turm IX. Dahinter befindet sich ein nachgebauter **Limes-Holzturm,** von dessen Plattform aus man einen weiten Blick über die Rheinhöhen genießen kann. Auch der Picknickplatz am Fuße des Holzkonstrukts ist bestens für eine Pause geeignet.

An der bald folgenden **Waldschule** finden sich zwei recht gut erhaltene **Turmfundamente** sowie eine Infotafel, die Details zu der Grenzanlage preisgeben. An der Weggabelung halten wir uns Richtung Arienheller. Kurz vor dem Dielsberg-Hof

1973 wurde am Rheinufer ein rekonstruierter Limesturm errichtet

sollten wir Ausschau nach einer Holztafel halten, die auf einen 200 Meter langen, gut sichtbaren **Wall und Graben** hinweist. Am Hof gehen wir an der Kreuzung geradeaus über die Wiese, bis wir zu einem tiefergelegten Karrenweg gelangen, der uns zum Parkplatz Arienheller führt. Hier lockt die Gaststätte **Zur Alten Mühle** zur Einkehr.

Nach einer Stärkung geht es auf zum Endspurt, der noch einiges zu bieten hat: Wir folgen der Kreisstraße bis zum Ortsausgang Arienheller. Bald folgt rechts der Eingang zur **RömerWelt,** einem Erlebnismuseum, das in einer Ausstellung über Alltag und Leben der Römer und ihrer Hilfstruppen berichtet.

Um einen **rekonstruierten Limesturm** zu besichtigen, folgen wir der recht stark befahrenen Landstraße 87 einen guten Kilometer Richtung Fähre. Kurz vor dem Anleger steht der Turm, wie er früher ausgesehen haben mag. Von dort geht es parallel zum Rhein über einen Pfad quer übers Feld, durch eine Unterführung und dann rechts über die Pfarrer-Volk-Straße, die Vogt-Straße und die Hilgerstraße zum Bahnhof Rheinbrohl zurück.

Zur Alten Mühle
Biergarten in schöner Kulisse.
Arienheller 10
56598 Rheinbrohl
Tel. (0 26 35) 92 11 99
Mi–So 11.30–21.30 Uhr

RömerWelt am Caput Limitis
Erlebnismuseum über Alltag und Leben der Römer.
Arienheller 1
56598 Rheinbrohl
Tel. (0 26 35) 92 18 66
www.roemer-welt.de
Di–Fr 10–17,
Sa/So/Fei 10–18 Uhr
5 €, Kinder 4 €

Eifel

Auf dem Rotweinwanderweg ▸ Seite 138

28 Remagen –Rolandseck

Karte ▸ Seite 128

Kultur zum Start & zum Schluss

Wanderung

Hinfahrt	Bhf. Remagen, RB, ca. alle 30 Min.
Rückfahrt	Bhf. Rolandseck, RB, alle 60 Min.
Verlauf	Remagen – Calmuth – Unkelbach – Bandorf – Oberwinter – Rolandseck
Länge	13 km

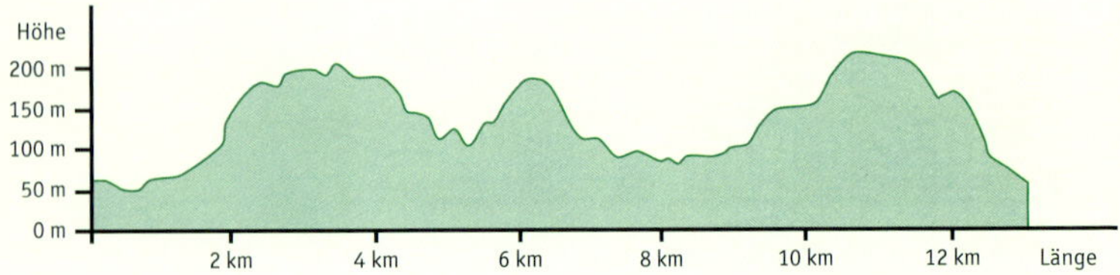

Über 240 Kilometer zieht sich der Rheinhöhenweg links des Stromes von Bonn bis Alsheim, südlich von Mainz. Wir haben uns eine Strecke von 14 Kilometern ausgesucht, die zwei sehenswerte Orte am Rhein – Remagen und Rolandseck – miteinander verbindet.

Schon der **Bahnhof von Remagen** ist sehenswert: Das klassizistische, denkmalgeschützte Stationsgebäude wurde Mitte des 19. Jahrhunderts erbaut und 1885 um eine eiserne Vorhalle ergänzt. Hier beginnen wir unseren kleinen Stadtspaziergang, bevor wir die eigentliche Wanderung antreten. Über die Bahnhofstraße, nach rechts in die Marktstraße und links in die Fährgasse kommen wir zur Rheinpromenade. Am Ufer nach rechts geht es zur geschichtsträchtigen **Brücke von Remagen**, die heute das **Friedensmuseum** beherbergt.

Am Rhein zurück laufen wir bis zur Pinggasse, die uns zur Kirchstraße führt. Hier steht die **Pfarrkirche St. Peter und Paul.** Die ältesten Teile der Kirche stammen aus dem Jahr 1248. Ein Teil der Kirchhofsmauer besteht aus dem Kern einer

Friedensmuseum Brücke von Remagen
Dauerausstellung in den Türmen der zerstörten Brücke.
An der Alten Rheinbrücke
53424 Remagen
Tel. (0 26 42) 9 05 99 24
www.bruecke-remagen.de
7. März.–16. Nov. 10–17, Mai–Okt. bis 18 Uhr
3,50 €, Eltern mit Kindern 7 €

Die schlanken Türme geben der Apollinariskirche ihr unverwechselbares Aussehen

spätrömischen Festungsmauer. Im Kirchengebäude sind unter anderem bemerkenswerte Zeugnisse mittelalterlicher Kunst zu bestaunen, ein Altar aus dem 13. Jahrhundert sowie ein spätgotisches Heiliges Grab. An der Milchgasse werfen wir einen Blick auf schöne Fachwerkhäuser und die Reste der Stadtmauer aus dem 14. Jahrhundert. Zurück auf dem Drususplatz beginnt unsere Wanderung.

An der Unterführung folgen wir den Wegweisern zur Apollinariskirche. Jenseits der Bundesstraße biegen wir in den Leepfad ein, vorbei an der hübschen **Kapelle St. Maria im Lee.** Kurz darauf stoßen wir auf die achte Station eines Kreuzweges und folgen diesem bergauf bis zur **Apollinariskirche.** Das imposante Kirchenbauwerk wurde 1839 bis 1842 vom Kölner Dombaumeister Ernst-Friedrich Zwirner an der Stelle der mittelalterlichen Martinskirche erbaut und erinnert in der Tat an den Kölner Dom. Im Inneren der neugotischen Kirche gibt es Fresken der Künstlergruppe der „Nazarener" zu besichtigen. In der Krypta befindet sich die silberne Reliquienbüste des heiligen Apollinaris, die jedes Jahr zur Wallfahrt Ende Juli aus dem

Apollinariskirche
Apollinarisberg 4
53424 Remagen
Tel. (0 26 42) 20 80
www.apollinariskirche-remagen.de

schroeder's Wacht am Rhein
Café und Restaurant mit romantischem Rheinblick direkt an der Promenade.
Rheinpromenade 28
53424 Remagen
Tel. (0 26 42) 2 26 26
www.schroeders-remagen.de
Di–So, Fei ab 11 Uhr

Sarkophag gehoben wird. Oberhalb der Kirche, an der Statue des Heiligen Franziskus, schweift unser Blick über Remagen und das Rheintal.

Hinter der Apollinariskirche folgen wir dem Zeichen R nach rechts, das uns in Richtung Norden über den **Rheinhöhenweg** führt. Es geht bergauf in den Wald hinein und an einer Gabelung links. Wir passieren eine riesige Traubeneiche aus dem 15. Jahrhundert, die als älteste Deutschlands gilt, und halten uns am folgenden Abzweig weiter geradeaus. An der Landstraße biegen wir nach rechts und wenden uns vor dem ehemaligen Restaurant Waldschlösschen wieder nach rechts, um den lauschigen **Weiher** mit seinen Wasserlilien und der dicht bewachsenen Insel im Uhrzeigersinn zu umrunden. Wo wir auf einen breiteren Waldweg stoßen, geht es nach links, am nächsten Abzweig nach rechts, sodass wir uns von der Landstraße entfernen. Wir folgen nun immer weiter dem breiten Waldweg, bis wir zu einer Holzhütte hinter einem Zaun kommen. Rechts abbiegend gelangen wir zum **Schloss Calmuth.** 1895 erwarb der Kölner Industrielle Maximilian von Guilleaume das landwirtschaftliche Anwesen und verwandelte es in ein repräsentatives Landhaus. Im 20. Jahrhundert wurde es von der Hitlerjugend und

später von der Internationalen Film-Union Remagen genutzt. Heute befindet sich das Anwesen in Privatbesitz.

Kurz hinter dem winzigen Dorf **Calmuth** biegt links der Weg in den Wald ab. Wir halten uns an Abzweigungen zweimal rechts, bis wir zu einer Spitzkehre gelangen. Hier verlassen wir den breiten Weg und folgen dem Wegweiser R. Wo der Weg wieder breiter wird, wenden wir uns nach links, am nächsten Abzweig nach rechts, wo es aus dem Wald hinaus durch Feld und Wiesen geht. Wir erreichen **Unkelbach** und überqueren die Rheinstraße in die Wiesenstraße hinein.

Am Mühlenweg gehen wir nach links und nach 20 Metern rechts über die Brücke. Rechter Hand geht es nach **Bandorf.** Links neben der Kreisstraße führt ein Fußweg den Berg hinauf. Am Stromkasten laufen wir geradeaus über die Wiese, bis wir wieder an der Kreisstraße ankommen. Mit einem kleinen Rechts-Links-Schlenker biegen wir in den Wanderweg Richtung **Oberwinter** ein und folgen dem Bach am St.-Josefs-Pfad. Am Wegekreuz steigen wir die steile Treppe zur Straße hinauf.

Hier ist die Fortsetzung des Rheinhöhenwegs ganz leicht erkennbar: Die Wohnstraße, in die wir nun einbiegen, heißt nämlich so. Sie mündet in einen Waldpfad, dem wir geradeaus folgen, bis wir aus dem Wald heraustreten. Auf der Lichtung halten wir uns weiter geradeaus und kommen wieder in den Wald hinein. Am nächsten Abzweig wenden wir uns nach links und gelangen zu einer weiteren Lichtung. An der Gabelung geht es nach rechts Richtung Arp Museum.

An einer Straße biegen wir nach rechts ab, ebenso an der nächsten T-Kreuzung. Kurz darauf finden wir den Eingang zum **Wildpark.** Wer will, kann hier einen Abstecher machen. Alle anderen wenden sich nach links und finden sich kurz darauf am Bahnhof Rolandseck wieder, der gleichzeitig das sehenswerte **Arp Museum** ist.

Wildpark Rolandseck
Heimische Wild- und Haustiere in hügeliger Landschaft, unbefestigte Wanderwege.
Am Kasselbach 4
53424 Remagen-Rolandseck
Tel. (0 22 28) 91 16 39
www.wildpark-rolandseck.de
15. März–15. Nov. 10–18 Uhr

Arp Museum Bahnhof Rolandseck
Zeitgenössische Kunst und klassische Konzerte.
Hans-Arp-Allee 1
53424 Remagen-Rolandseck
Tel. (0 22 28) 94 25 12
www.arpmuseum.org
Di–So/Fei 10–16 Uhr
10 €, Kinder frei

29 Auf dem Ahrsteig
Wald & Wein

Karte ▸ Seite 133

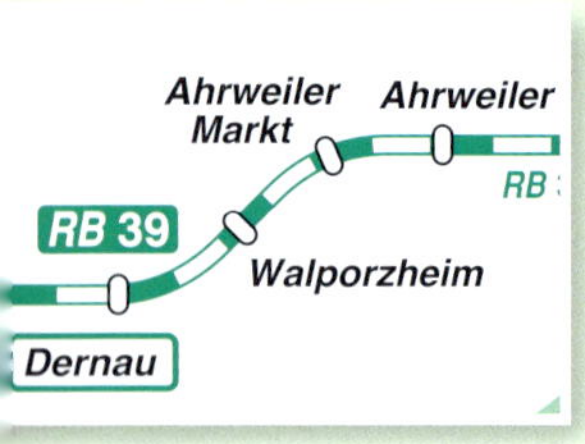

Wanderung	
Hinfahrt	Bhf. Walporzheim, Ahrtalbahn, alle 30 Min. via Remagen, alle 60 Min. via Bonn Hbf.
Rückfahrt	Bhf. Bad Neuenahr, Ahrtalbahn, alle 30 Min.
Verlauf	Walporzheim – Ahrweiler – Bad Neuenahr
Länge	13 km
Tipp	Kombinierbar mit Tour 30

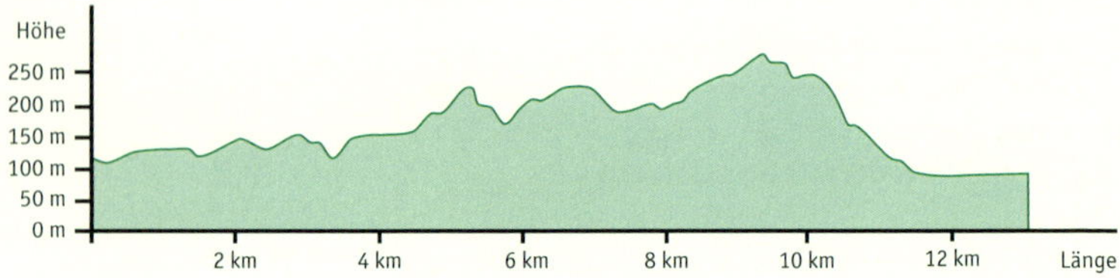

Das Ahrtal kann mehr als nur Weinberge! Rund 100 Kilometer lang ist der Ahrsteig, der erst 2012 eröffnet wurde und über Waldwege, Wiesenpfade, Hochplateaus und Felswege führt. Die sechste Etappe von Walporzheim nach Bad Neuenahr ist die kürzeste. Dank der Ahrtalbahn, die entlang der Strecke fährt, lässt sich die Wanderung je nach Lust und Fitness verlängern.

Am Bahnhof in **Walporzheim** angekommen, überqueren wir den Hof vor dem Bahnhofsgebäude und gelangen zur Walporzheimer Straße. Wir wenden uns nach rechts und an der Josefstraße nach links. Über die Ahrbrücke kommen wir auf einen Wanderparkplatz. Wir nehmen den unteren Weg nach links, der parallel zur Ahr verläuft. Wo wir dem Fluss ganz nahekommen, biegen wir an der Gabelung nach rechts und wandern bergauf. Nach einer kurzen, steilen Steigung sehen wir das erste Mal die Weinhänge, die uns noch länger begleiten werden, aus der Nähe.

Kurz darauf geht es schon wieder bergab auf Flusshöhe. Wir gelangen an den kleinen Wingsbach, der in die **Ahr** mündet, und folgen ihm vor der Brücke gegen die Fließrichtung. Munter plätschernd begleitet uns der Bach eine ganze Weile, über Holzbrücken überqueren wir ihn mehrere Male. An der letzten Brücke, mit Wegweisern markiert, verlassen wir den Wingsbach nach links und finden uns auf einem Wanderparkplatz wieder. Von Ende August bis Ende Oktober lohnt es sich, von hier einen Abstecher nach rechts zur Maibachfarm zu machen. Denn in dieser Zeit öffnet am Wochenende und an Feiertagen die **Straußwirtschaft.** Ein entsprechender Hinweis findet sich am Parkplatz auf einem Schild, das zum Weingut führt.

Ohne Weinverkostung wenden wir uns nach links und laufen unterhalb eines Weinhangs entlang. Am Gymnasium Calvarienberg gehen wir die Gabelung rechts mitten in die Weinfelder hinein. Von hier aus haben wir einen fantastischen Ausblick über das **Ahrtal,** das an beiden Seiten voll hängt mit Weinreben. Wir folgen dem Höhenweg bis zum Abzweig, den wir links hinunterlaufen. An der folgenden T-Kreuzung geht es links bergab in den Ort **Calvarienberg.** Nach einem kurzen Streckenabschnitt durch ein schickes Wohngebiet kommen wir zur Ramersbacher Straße, die wir überqueren, um auf der gegenüberliegenden Seite einen Fußweg zu nehmen. Wir gehen wieder geradeaus in einen noch kleineren Pfad, der uns bergauf zum nächsten Weinberg führt. Wir wenden uns nach rechts, genießen noch einmal den Blick über

Holzliegen laden unterwegs zur Rast ein

Die Lourdes-Kapelle: Wallfahrtsort, versteckt im Bachemer Wiesental

das Tal, gehen am nächsten Abzweig links und danach rechts.

Der knorzige Baum mit einer Bank darunter weist uns den Weg nach links. An der T-Kreuzung wenden wir uns noch einmal nach links und gelangen zu einer gemütlichen Holzliege, die zu einer Rast mit Ausblick einlädt. An der Liege geht es scharf nach rechts und 50 Meter weiter erneut nach rechts Richtung Wald. Am Waldrand müssen wir uns vorläufig von den Weinbergen verabschieden, es geht in den Wald hinein. Bald kommen wir jedoch schon wieder aus dem Wäldchen hinaus und halten uns rechts bis zu einer weiteren Holzliege. Wir lenken unsere Schritte weiter geradeaus bis zu einer Bank mit einem Wegweiser, der uns nach links schickt. Durch einen nun weitläufigen Wald geht es immer geradeaus bergab, bis wir an einen größeren Weg gelangen, wo wir uns nach rechts wenden. Gegenüber einem großen Waldfestplatz findet sich linker Hand die **Lourdes-Kapelle.** Sie wurde im Jahr 1948 vom Bachemer Schuhmacher Karl Dresen erbaut aus Dankbarkeit für seine glückliche Heimkehr aus dem Zweiten Weltkrieg. Der Kuppelanbau wurde 1958 hinzugefügt. Die Kapelle, die zur Katholischen Pfarrgemeinde St. Pius in Bad Neuenahr-Ahrweiler gehört, hat sich zu einem Wallfahrtsort entwickelt, der von Gläubigen aus nah und fern aufgesucht wird, die mit Kerzen und Gedenktafeln Maria für ihre Hilfe danken.

Nach einem Blick in die Kapelle wenden wir uns am Parkplatz nach rechts. An den nächsten Abzweigen geht es einmal nach rechts und dreimal nach links. Am nächsten Hauptweg wenden wir uns nach links, an der großen Kreuzung, immer noch im Wald, nehmen wir den kleinen Weg geradeaus. Kurz darauf – Achtung! – biegt unsere Route in einen kleinen unscheinbaren Pfad nach links und windet sich im Zickzack nach unten. Dann biegen wir rechts ab, an der nächsten Gabelung mit einer Bank wieder rechts. Bald treten wir aus dem Wald heraus, und das Ahrtal hat uns wieder.

An der T-Kreuzung vor einem Weinhang biegen wir scharf rechts in einen Fußweg ein. Hinter einer

Festhütte geht es rechts wieder in den Wald hinein. Hier folgen wir weiter den roten Markierungen des **Ahrsteigs:** halb links, rechts, scharf links an einem Stein mit der Aufschrift „Bad Neuenahr 0,9 km". Aber bitte nicht zu früh freuen – bis zu unserem Ziel sind es tatsächlich noch über drei Kilometer! Wir folgen nun dem Hepke-Weg und biegen am Beginn des Dronke-Weges nach rechts ab. An den folgenden Kreuzungen bleiben wir geradeaus bis zum Hauptpfad, wo wir nach links und sofort wieder nach rechts abbiegen. Bald kommen wir zu ein paar informativen Tafeln des **Naturlehrpfades,** die einen Blick lohnen.

Am **Kletterwald** halten wir uns links und gelangen zur Paradieswiese mit vielen Spielgeräten. Hier endet die Etappe 6 des Ahrsteigs. Wir orientieren uns ab jetzt an den gelben Zuweg-Kennzeichen. Diese führen uns halblinks und dann rechts in den Lenné-Weg. Gegenüber dem Hauptweg geht es in den Niessen-Weg. In sanften Schwüngen laufen wir den Berg hinab bis zu einer Treppe, die uns auf eine Straße führt. Wir gehen linker Hand immer die Hardtstraße bergab, über einen Zebrastreifen und in eine Sackgasse hinein. Am Internat „Carpe Diem" wenden wir uns nach links über eine Brücke und folgen nach rechts der Ahr bis zur Autobrücke. Über die Landgrafenstraße sind es nach links nur noch 300 Meter bis zum Bahnhof **Bad Neuenahr.**

Vinetum
Restaurant und lauschiger Weingarten im Dorf Walporzheim.
Walporzheimer Straße 173
53474 Bad Neuenahr-Ahrweiler
www.vinetum-ahr.de
Tel. (0 26 41) 9 16 07 85
Di–So ab 12 Uhr

Neuenahrer Brauhaus
Zünftiges Brauhaus mit Biergarten, 5 Gehminuten vom Bahnhof.
Hauptstraße 112
53474 Bad Neuenahr
www.neuenahrer-brauhaus.de
Tel. (0 26 41) 95 06 60
Fr–Mi ab 11.30 Uhr

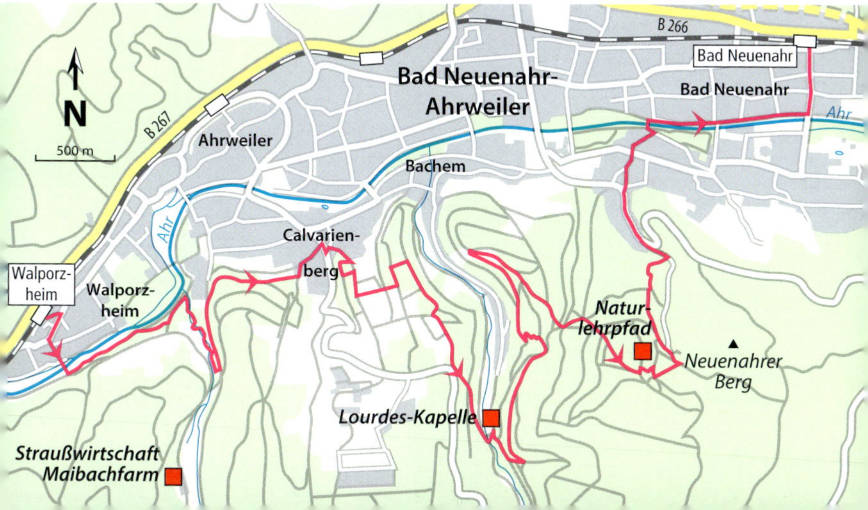

30 Ahrweiler
Kultur inmitten der Weinberge

Karte ► Seite 137

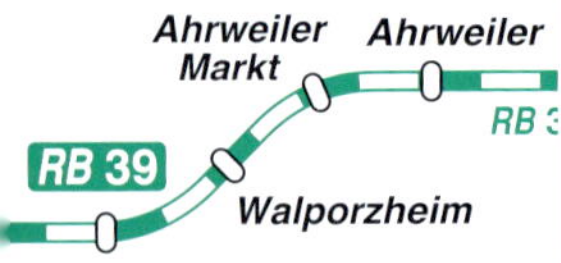

Stadtspaziergang

Hin- & Rückfahrt	Bhf. Ahrweiler Markt, Ahrtalbahn, alle 60 Min. via Remagen
Verlauf	Winzerkapelle – Regierungsbunker – Roemervilla – Altstadt
Länge	6 km
Tipp	Kombinierbar mit Tour 29 & Tour 31

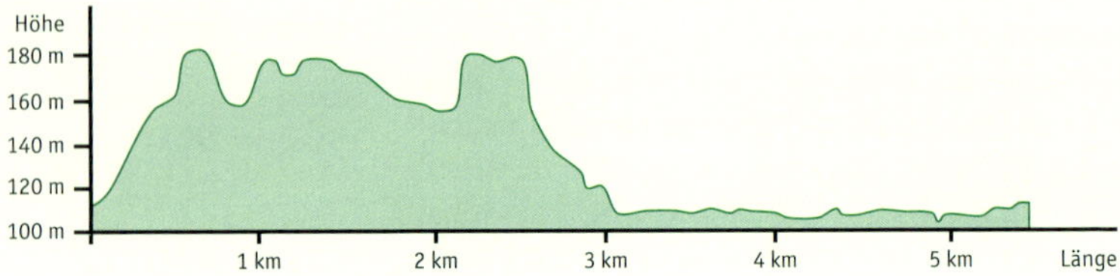

Ahrweiler liegt am Rotweinwanderweg (► Seite 138). Doch auch für alle, die keine Lust auf eine Wandertour haben, ist die pittoreske Altstadt des Weinortes ein lohnenswertes Ziel. In fußläufiger Entfernung locken zudem interessante Museen und weite Ausblicke über das Weintal.

Auch wenn die hübschen Häuschen hinter der Stadtmauer schon rufen: Wir wenden uns an der Bahnstation **Ahrweiler Markt** erst einmal von der Stadt ab und nehmen den Weg in die Weinberge hinauf. Am Abzweig geht es nach rechts und anschließend über eine kurze Treppe, um von der romantischen **Winzerkapelle** aus einen Blick auf die Dächer der Altstadt zu werfen.

Zurück geht es unterhalb der mächtigen Pfeiler einer Bahntrasse entlang, die bereits vor dem Ersten Weltkrieg geplant, aber nie vollendet wurde. Vor ein paar Jahren hat an dem imposanten Bau eine **Kletteranlage** mit Hochseilgarten eröffnet. Wer sich in die schwindelnden Höhen traut, hat von oben natürlich noch einen viel besseren Panoramablick über das Ahrtal. Weniger Schwindelfreie

Hochseilgarten- & Kletteranlage Bad Neuenahr-Ahrweiler
Trainingshochseilgarten und Kletterrouten auf zwei bis zu 35 m hohen ehemaligen Brückenpfeilern. Dazwischen ist eine 40 m lange Seilbrücke gespannt. Ab 7 Personen. Bitte im Voraus buchen unter:
Tel. (02 21) 34 14 51
www.seilpark.de

folgen dem Rotweinwanderweg weiter Richtung Westen. Nach gut 1500 Metern gelangen wir zum ehemaligen **Regierungsbunker,** der unbedingt einen Besuch wert ist. Der Regierungsbunker galt als das geheimste Bauwerk in der Geschichte der Bundesrepublik Deutschland. Zur Zeit des Kalten Krieges plante das Bundesinnenministerium, in zwei Eisenbahntunneln im Ahrgebirge einen Bunker für die Regierung als Ausweichsitz im Krisen- und Verteidigungsfall auszubauen. 1962 wurde mit den Arbeiten begonnen, nach ihrer Fertigstellung neun Jahre später maß die Bunkeranlage mit ihren 936 Schlaf- und 897 Büroräumen über 17 Kilometer. Nach dem Rückbau sind noch 203 Meter der ehemaligen Anlage als Dokumentationsstätte erhalten und seit 2008 auf Führungen zu besichtigen.

Wenn wir wieder das Tageslicht erblickt haben, verlassen wir den Rotweinwanderweg und steigen den Weg „Am Silberberg" hinab. Am Fuße erwartet uns schon das nächste Highlight: die **Roemervilla.** Hier können wir hervorragend erhaltene Funde eines Herrenhauses der Römerzeit aus dem 1. bis 3. Jahrhundert n. Chr. bestaunen. Dazu gehören Wandmalereien, eine Badeanlage, eine Küche, kom-

Regierungsbunker Bad-Neuenahr-Ahrweiler
Am Silberberg 0
53474 Bad Neuenahr-Ahrweiler
Tel. (0 26 41) 9 11 70 53
www.regbu.de
Apr.–Mitte Nov. Mi/Sa/So 10–18 Uhr
9 €, Kinder 4 €

Museum Roemervilla
Gut erhaltene Funde eines Herrenhauses aus der Römerzeit.
Am Silberberg 1
53474 Bad Neuenahr-Ahrweiler
Tel. (0 26 41) 53 11
www.museum-roemervilla.de
Ende März–Mitte Nov. Di–So/Fei 10–17 Uhr
5 €, Kinder 2,50 €

Ahrweiler ist von einer mächtigen Stadtmauer umgeben

AhrWeinForum
Kleines Weinmuseum.
Walporzheimer Straße 19
53474 Bad Neuenahr-Ahrweiler
Tel. (0 26 41) 91 71 65
www.ahrtal.de/ahrwein/ahrweinforum
Nur Gruppen, bis 25 Personen 70 €

plett erhaltene Fußbodenheizungen sowie unzählige Alltagsgegenstände.

Zurück in der Gegenwart geht es nun endlich in die Stadt hinein: Wir kreuzen die Bahnschienen und biegen am Kreisverkehr in die Walporzheimer Straße ab. Kurz hinter dem Kreisverkehr lohnt als Gruppe ein Besuch des **AhrWeinForums:** In dem kleinen Museum lernen wir viel über die Geschichte des Weinanbaus an der Ahr und den Arbeitsalltag der Winzer. Rund 50 Meter weiter erblicken wir schon die **Oberhut** – eines von vier Stadttoren in Ahrweiler. Dieses markiert auch eines der vier Stadtbezirke: Die Huten sind traditionsreiche Bürgergemeinschaften und pflegen noch heute ihr jahrhundertealtes Brauchtum.

Direkt hinter dem Stadttor wenden wir uns nach links in den Johanniswall mit seinen blumengeschmückten Häusern. An der Altenbaustraße geht es nach rechts, wo sowohl der **Weiße Turm** – ein Stadtmuseum im ältesten Gebäude der Stadt – als auch die **ehemalige Synagoge** direkt gegenüber zu einem Besuch einladen. In letzterer finden regelmäßig Kunstausstellungen und Konzerte statt. Am Weißen Turm biegen wir rechts ab und dann wieder rechts in die Oberhutstraße ein. Zurück am Oberhut-Tor geht es nach links in die „Schützbahn“ und entlang der Stadtmauer. Bis vor nicht allzu langer Zeit war der idyllische Bach, der uns hier begleitet, der Abwasserkanal der Stadt.

Vorbei am alten Brauhaus und am Backhaus – jede Hut hatte seinerzeit übrigens ihre eigene Backstube – gelangen wir zum **Bitzenturm,** einem Teil der gut erhaltenen Wehranlage. Kurz darauf können wir auch ein paar Meter auf der überdachten Stadtmauer entlanglaufen und einen Blick hi-

Eine kleine Oase – diese Bank lädt zum Verweilen ein

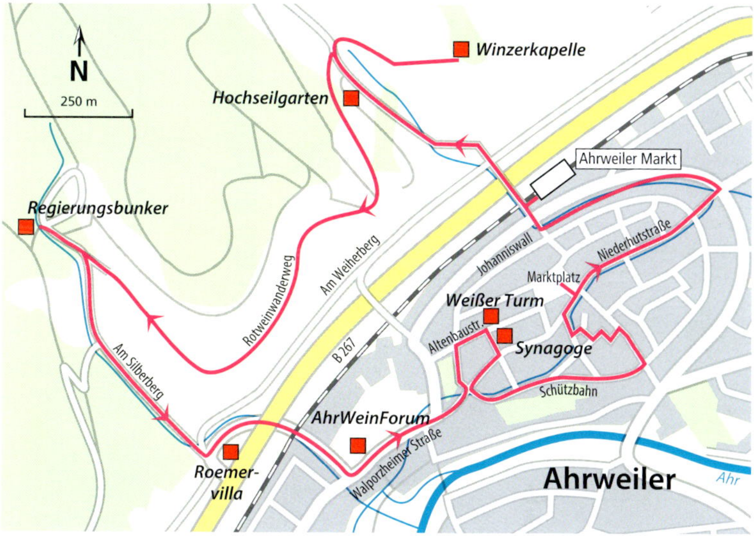

nüber auf die Weinberge werfen. Das **Ahrtor** sollten wir uns unbedingt auch von außen ansehen, weil man von dort die zwei flankierenden Halbtürme des Wahrzeichens der Stadt am besten erkennt.

Weiter geht es durch die Ahrhutstraße bis zu einem kleinen Platz. Wir passieren die Touristeninformation im **Blankartshof,** einem alten Barockbau der Familie von Ritter Blankart, um zu einer ganz stillen Ecke zu gelangen. Zu der Mühle am Bach und der Alten Zehntscheune verirren sich nicht viele Touristen. Hier findet man auch ein paar gemütliche Restaurants, wie das **AhrVinum** oder eine Ecke weiter den **Winzerhof Körtgen.**

Über die Straße „Auf dem Rausch" gelangen wir schließlich zum **Marktplatz,** dem Herzen von Ahrweiler. Hier wetteifern das Rathaus im Spätrokokostil, die frühgotische St.-Laurentius-Kirche, die sanierte Zehntscheuer mit hohem Walmdach und das Rokoko-Pfarrhaus um die Gunst der Besucher. Wir schlendern durch die Niederhutstraße mit ihren sehenswerten Fachwerkfassaden bis zum **Niedertor.** Hier wählen wir außerhalb der Stadtmauer den kleinen Pfad am ehemaligen Wall entlang, um zurück zur Bahnstation zu gelangen.

AhrVinum
Abgestimmte Speisen auf die Weine der ortsansässigen Winzer.
Oberhutstraße 6
53474 Bad Neuenahr-Ahrweiler
Tel. (0 26 41) 91 67 61
www.ahrvinum.de
Di–So ab 12 Uhr

via Tipp

Winzerhof Körtgen
Familie Körtgen betreibt in einem lauschigen Innenhof eine sehr empfehlenswerte Weinstube.
Oberhutstraße 16
53474 Bad Neuenahr-Ahrweiler
Tel. (0 26 41) 3 71 13
www.koertgens.de
Mi–Do ab 17, Fr–So/Fei ab 14.30 Uhr

31 Rotweinwanderweg
Umgeben von Reben

Karte ▸ Seite 141

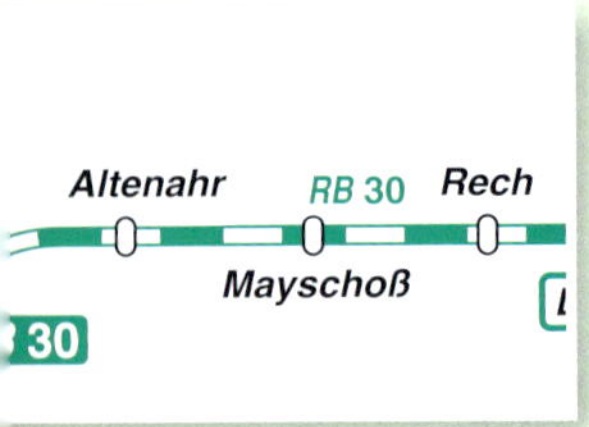

Wanderung

Hinfahrt	Bhf. Mayschoß, Ahrtalbahn, alle 60 Min. via Remagen
Rückfahrt	Bhf. Dernau, Ahrtalbahn, via Remagen
Verlauf	Mayschoß – Rech – Dernau
Länge	7 km
Tipp	Kombinierbar mit Tour 30

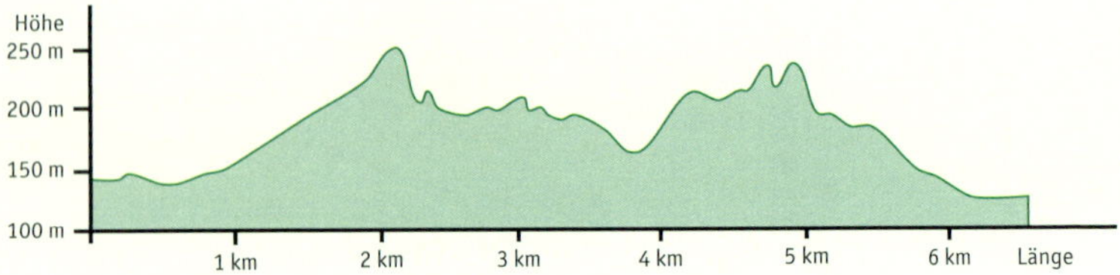

Deutsche Weine erfreuen sich weltweiter Beliebtheit. Eines der bekanntesten deutschen Weinanbaugebiete liegt nicht weit von Köln entfernt: Mit der Bahn ist man schnell mittendrin in den Weinhängen des Ahrtals, das zu jeder Jahreszeit zu kürzeren oder längeren Wanderungen einlädt.

Kennzeichen des Rotweinwanderwegs – die rote Traube

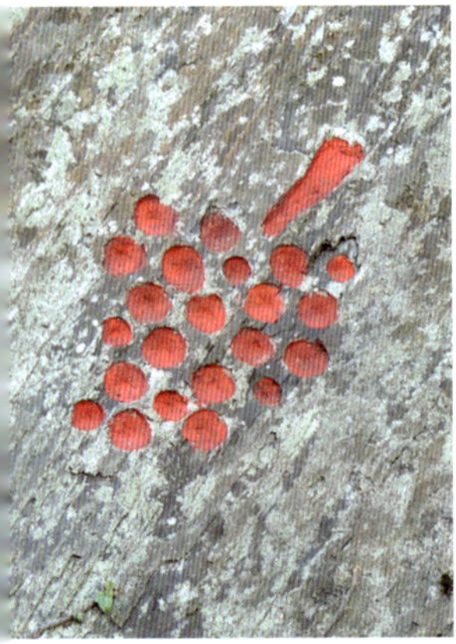

Ganz Ambitionierte laufen den kompletten **Rotweinwanderweg** entlang: 35 Kilometer geht es durch die Weinberge von Altenahr bis Bad Bodendorf. Mit strammen Schritten ist dies durchaus an ein bis zwei Tagen zu schaffen. Wir gehen heute jedoch nur 7 Kilometer von Mayschoß bis Dernau. Dieser Abschnitt wird von vielen als das schönste Stück des Rotweinwanderwegs angesehen. Die Strecke ist problemlos in beide Richtungen zu verlängern, denn dank der regelmäßig verkehrenden Ahrtalbahn gelangen wir von fast jedem Ort im Ahrtal wieder an den Ausgangspunkt beziehungsweise nach Hause zurück.

Ein Tipp zur Wanderzeit: Im Herbst herrscht Hochbetrieb zwischen Altenahr und Bad Bodendorf. Wenn die Ernte eingefahren ist und in vielen Orten Weinfeste stattfinden, kann es, vor allem am Wochenende, auf dem Rotweinwanderweg recht voll werden. Geruhsamer ist es sicherlich zu anderen Jahreszeiten – auch wenn man dann die beliebten Weinproben am Wegesrand verpasst. Doch auf den guten Wein aus der Region muss man dank der zahlreichen Weinlokale in jedem der Orte entlang des Rotweinwanderwegs auch dann nicht verzichten.

Im Herbst leuchten die Weinblätter am schönsten. Etwas ruhiger ist es jedoch zu anderen Jahreszeiten

Wir beginnen unsere Wanderung im beliebten **Mayschoß.** Vom Bahnhof, einem hübschen Naturstein-Fachwerkhaus, geht es über die Ahrbrücke nach rechts. Nach rund 500 Metern an der Durchgangsstraße, die mit zahlreichen Restaurants und Souvenirshops gespickt ist, biegen wir links in die Dorfstraße ein und folgen ihr stetig bergan. Vorbei an der Pfarrkirche St. Nikolaus erreichen wir bald die Weinberge, wo der ausgeschilderte Rotweinwanderweg beginnt. Das markante Hinweisschild mit der roten Traube findet sich direkt gegenüber dem Michaelishof, einer der zahlreichen Weinwirtschaften im Ahrtal.

Wir folgen dem Schild nach rechts und gelangen auf diese Weise schnell zum **Panoramaweg,** der immer wieder schöne Ausblicke auf das Ahrtal und die darin liegenden Winzerorte bietet. Durch Millionen von Weinreben hindurch führt der Weg zunächst bis zur **Schutzhütte Korbachrast.** Nicht nur hier lässt sich eine Pause einlegen – am Wegesrand finden sich zahlreiche Bänke und Sitzgelegenheiten, die immer wieder einladen, die schöne Aussicht hinab ins Tal zu genießen und sich zu fragen, wie Weinanbau auf solch einem steilen Bergrücken überhaupt möglich ist.

Auf der gegenüberliegenden Seite der Ahr sehen wir die Burgruine **Saffenburg,** die seit 2007 wieder

Der Rotweinwanderweg führt zu vielen Zielen

öffentlich zugänglich ist und über das Jahr hinweg besondere Weinveranstaltungen bietet. An Felsen und Schiefermauern entlang, die die Felder formen, gelangen wir schließlich auf halber Strecke nach **Rech.** Wer hier Rast einlegen will, kann in den Ort hinabsteigen und in einem der Weinlokale einkehren. Im Herbst wird auch direkt auf dem Wanderweg an provisorischen Tischen Wein ausgeschenkt, sodass es auf der Strecke mitunter fröhlich zugeht.

Nach einer Stärkung führt der Rotweinwanderweg weiter Richtung Dernau. An der nächsten Weggabelung halten wir uns links und nehmen den oberen Weg am Hang entlang. Dies ist zunächst ein breiter, asphaltierter Pfad, der bald wieder schmaler wird. Nach gut 3 Kilometern kommen wir zum Rastplatz und Aussichtspunkt **Mosesquelle,** von wo aus wir einen herrlichen Blick auf die weißen Häuser von **Dernau** genießen können.

Anschließend führt die Strecke in den schattigen Waldhang hinein, bevor sich der Blick erneut auf unser Ziel öffnet. An der **Dr.-Karl-Näkel-Hütte** steigen wir in den Ort hinab. Der gebürtige Dernauer Karl Näkel (1919–1999), ein begeisterter Wanderer,

Weinhaus Michaelishof
Wein mit schönem Blick auf die Berge genießen.
Dorfstraße 81
53508 Mayschoß
Tel. (0 26 43) 15 85
www.michaelishof.com
Aug.–Okt. tgl. ab 11, sonst Mi–Mo ab 11 Uhr

war maßgeblich an der Entstehung des heute sehr beliebten Wanderwegs beteiligt. Wir unterqueren die Straße in sein Heimatdorf und gelangen ins Zentrum mit seinen zahlreichen Weinstuben und **Straußwirtschaften.** Hier können die hervorragenden Ahrweine verkostet werden. Wenn vor der Tür ein Zweigenstrauß hängt, ist das ein Zeichen dafür, dass die Winzer hier ihre selbst erzeugten Weine ausschenken. Nicht selten öffnen sie dazu ihre Wohnstuben und laden die Gäste zu Weinproben und deftigen Speisen ein. „Wo's Sträußchen hängt, wird ausgeschenkt", heißt es im Sommer und Herbst im Ahrtal, bevor die neue Weinlese beginnt.

Wer direkt die Rückfahrt antreten möchte, folgt der Burg-, der Bungert- und der Bonner Straße und sieht linker Hand bereits das Bahnhofsgebäude. Alle anderen lassen den Tag bei einem guten Glas Wein in einer der vielen Schankwirtschaften von **Dernau** ausklingen oder schlendern durch die kleinen Straßen des Winzerortes. Wer möchte, kann den Rotweinwanderweg bis ins circa 6 Kilometer entfernte **Ahrweiler** fortsetzen (► Seite 134).

Saffenburg
Nähere Infos zur Burgruine gibt es unter:
www.saffenburg.de

Am Weintürmchen
Hausgemachter Kuchen und leckere Weine.
Bergstraße 23
53507 Dernau
Tel. (0 26 43) 26 10
www.am-weintuermchen.de
März–Nov. tgl. ab 11.30 Uhr

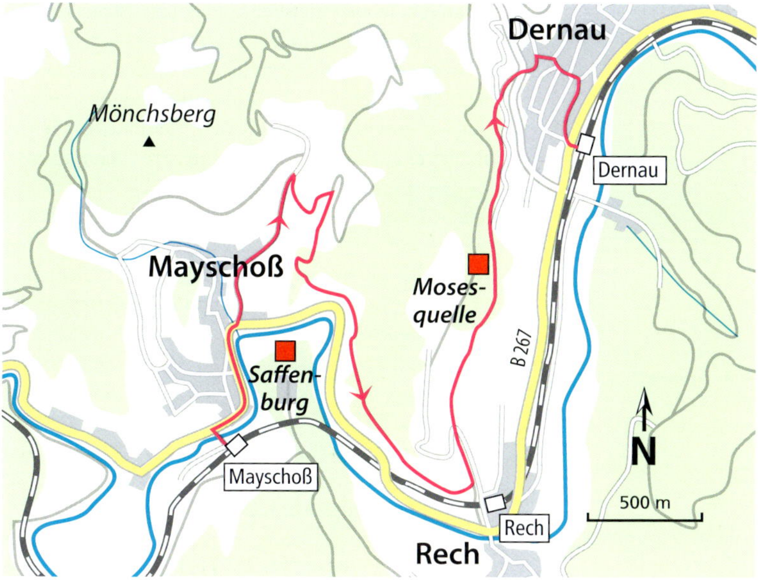

32 Bad Münstereifel
Kleinod zwischen Stadtmauern

Karte ► Seite 145

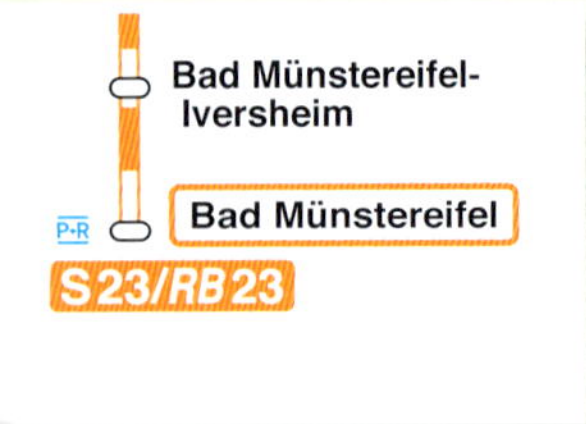

Stadtspaziergang & Wanderung

Hin- & Rückfahrt	Bhf. Bad Münstereifel, RB, alle 60 Min.
Verlauf	Bad Münstereifel – Rodert – Bad Münstereifel
Länge	9 km (3 km Stadtspaziergang und 6 km Wanderung)

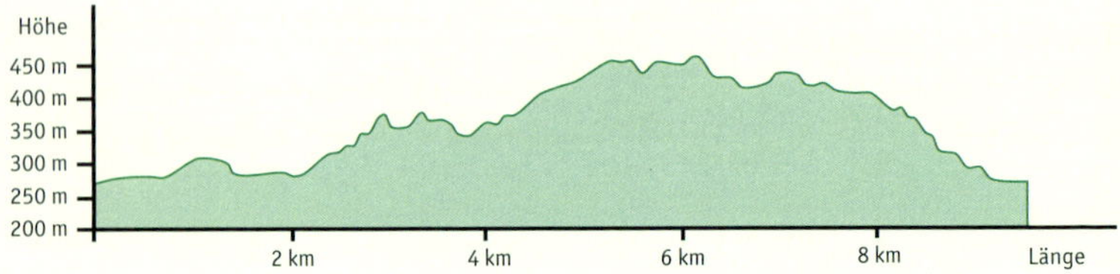

Das kleine Städtchen Bad Münstereifel gilt als das „Rothenburg der Eifel“. Ein Besuch lohnt aber nicht nur wegen der gut erhaltenen mittelalterlichen Innenstadt und der günstigen Outletshops, sondern auch wegen der zahlreichen Wanderwege rund um den Ort. Blitzschnell ist man im Grünen und genießt Eifelerlebnis pur.

Beginnen wir unseren Ausflug mit einem Stadtspaziergang: Vom Bahnhof aus sind es nur ein paar Meter bis zum ersten der vier Stadttore des mittelalterlichen Bad Münstereifel. Das **Werther Tor** macht vor allem von außen einen imposanten Eindruck. Es ist eingerahmt von zwei Rundtürmen, die ursprünglich bis zum Turmdach reichten. In vergangenen Zeiten schützte das mächtige Tor durch eine Zugbrücke über einem Wassergraben, durch ein Fallgatter und ein Innentor die Anwohner vor feindlichen Übergriffen. Heute befindet sich hier eine Naturkundeausstellung, die sonn- und feiertags besichtigt werden kann.

Statt das Stadttor zu durchschreiten, wenden wir uns außerhalb der Mauer nach rechts und

Fußgängerzone in Bad Münstereifel

gehen ein Stück die Sebastian-Kneipp-Promenade entlang – diese zeigt, dass der Ort staatlich anerkanntes Kneipp-Heilbad ist. Durch den zweiten Mauerdurchbruch gelangen wir schließlich in die Stadt hinein.

Auf der rechten Seite befindet sich die **evangelische Kirche,** die sich trotz ihrer modernen Architektur gut ins Stadtbild einfügt. Ein paar Meter weiter steht eines der ältesten Steinhäuser des Rheinlands: Das **Romanische Haus** wurde um 1160 erbaut und beherbergt heute ein Heimatmuseum und eine Fossilienausstellung. Die Säulen der Fenster wurden aus einer römischen Wasserleitung gefertigt.

Auf dem nun folgenden Klosterplatz steht die **Stiftskirche** aus dem 12./13. Jahrhundert. Wo sich im Mittelpunkt der Stadt um 830 eine kleine Klosterkapelle befand, wurde eine dreischiffige Pfeilerbasilika mit einem dreitürmigen Westwerk gebaut. In der Krypta befindet sich ein Schrein mit den Gebeinen der Schutzpatrone der Kirche. Ebenfalls auf dem Klosterplatz steht das purpurrote **Rathaus** aus dem 15. und 16. Jahrhundert. Zwei Löwen

Romanisches Haus
Altes Steinhaus mit Heimatmuseum und Fossilienausstellung.
Langenhecke 6
53902 Bad Münstereifel
Tel. (0 22 53) 54 22 44
www.huertenmuseum.de
Sa/So/Fei 11–17 Uhr

Burg von Bad Münstereifel

demonstrieren die einstige Herrschaft von Jülich und Berg, ein Schandpfahl erinnert an die mittelalterliche Vergangenheit.

Wir wenden uns nach rechts und biegen in die Heisterbacher Straße ein. An alten Häusern vorbei erreichen wir das **Heisterbacher Tor.** Der Blick vom höchsten Punkt der Stadtbefestigung schweift über den gesamten historischen Stadtkern von Bad Münstereifel sowie die umliegenden Hügel. Hinter dem Tor führt ein kurzer Fußweg, die Wallgrabenpromenade, den Berg hinauf zum **Historischen Kurhaus.** Hier hat der berühmte Sänger Heino Mitte 2012 sein Café neu eröffnet, nachdem er seinen Fans fast 16 Jahre im Rathaus-Café seine berühmte Haselnusstorte serviert hatte.

Zurück am Heisterbacher Tor können wir an der Werkbrücke ein Stück auf der **Stadtmauer** entlangschlendern. Kurz darauf kommen wir zum dritten Eingang, dem **Orchheimer Tor.** Direkt dahinter befindet sich eine **Zinngießerei,** wo man den Handwerkern bei der Arbeit zusehen kann.

Innerhalb der Stadtmauern wenden wir uns nach links in die Orchheimer Straße, die mit prächtigen Fachwerkhäusern aus dem 17. Jahrhundert besticht. Das größte ist das **Windeckhaus** mit der Hausnummer 23, das in seinen Schnitzereien die Geschichte eines verliebten Schreinergesellen erzählt. An der Erft entlang, die sich durch den gesamten Stadtkern windet, kommen wir zum St.-Michael-Gymnasium, einer ehemaligen Jesuitenschule. Direkt daneben befindet sich die **Jesuitenkirche,** die die Laienbrüder des Ordens errichteten. Neben der Kirche führt uns die kleine Straße „Delle" zum **Johannistor** hinauf, von dem aus wir noch einmal einen schönen Blick auf die Stadt werfen

Heino-Café
im Historischen Kurhaus
Bad Münstereifel
Hier gibt's Heinos berühmte Haselnusstorte.
Nöthener Straße 10
53902 Bad Münstereifel
Tel. (0 22 53) 5 44 07 70
www.kurhaus-badmuenstereifel.de
Tgl. 8–18 Uhr

Grugel Zinngießerei
Trierer Straße 7
53902 Bad Münstereifel
Tel. (0 22 53) 76 96

können. Auch hier gab es früher eine Zugbrücke, Fallgatter und Torflügel, und die Weinfässer von der Ahr wurden ins Städtchen gerollt.

Von hier aus beginnt unsere Wanderung rund um das Dorf Rodert: Wir durchqueren das Johannistor und biegen direkt hinter der Unterführung der Bundesstraße links ab in den Roderter Kirchweg. Wir gelangen zu einem Parkplatz, der zum „Café Dachsbau" gehört. Eine Rast auf der Sonnenterrasse heben wir uns allerdings bis zum Ende unserer Tour auf – denn hier kommen wir am Schluss noch einmal vorbei. Wir passieren das Café und den Eingang zum **jüdischen Friedhof,** den wir halb umrunden. An den nächsten zwei Abzweigen halten wir uns geradeaus, bis es nur noch nach rechts oder links geht. Wir wählen den rechten Weg und steigen den steilen Waldpfad hinauf.

An den folgenden Gabelungen halten wir uns zunächst links, dann rechts und an der dritten wieder links. Hinter dem Zaun, der bald beginnt,

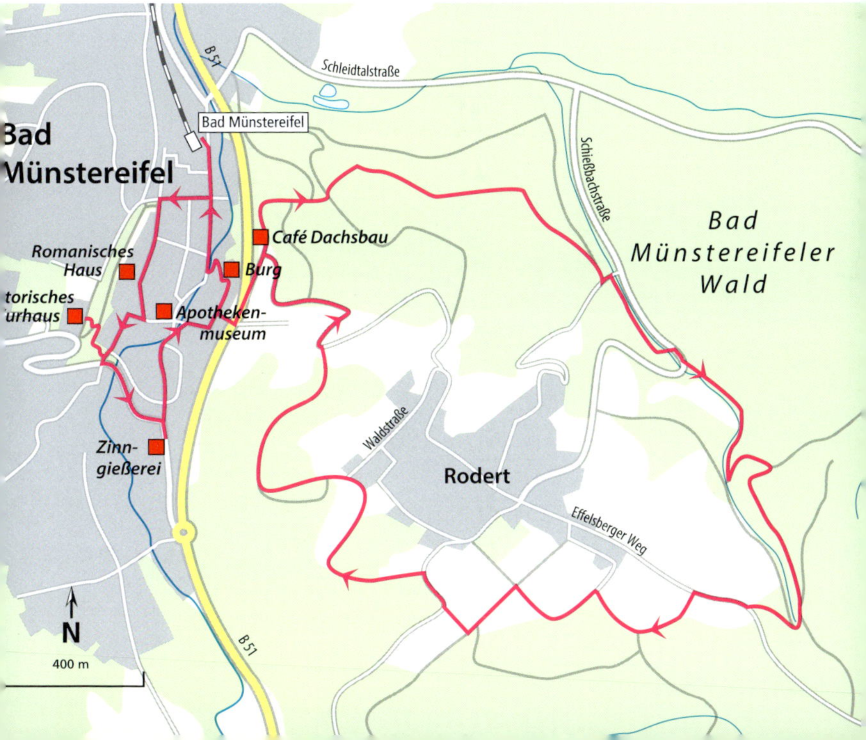

liegt ein **Damwildgarten.** Der Eingang befindet sich am Parkplatz neben der Landstraße. Nach einem Besuch der Tiere halten wir auf dem Parkplatz Ausschau nach einem kleinen Pfad, der zwischen den Bäumen parallel zur Straße verläuft. Nach ein paar Treppenstufen überqueren wir die Straße, um auf der gegenüberliegenden Seite sofort wieder in den Wald einzutauchen.

An einer T-Kreuzung lassen wir den Bach rechts liegen und gehen stattdessen links durch eine Schranke. Der nächste Abzweig rechts führt uns in einem leichten, aber stetigen Anstieg wieder oberhalb zum Bach, dem wir eine Weile folgen. Nun heißt es aufgepasst: Wo links ein Weg im spitzen Winkel abgeht, führt rechts ein etwas zugewachsener Weg mit der Markierung A2 weiter in den Wald hinein. Etwas versteckt zwischen zwei dünnen Bäumen folgen wir diesem Pfad, der bald wieder breiter wird, durch einen Nadelwald. Der Weg mündet in eine Schotterstraße mit einem Wanderparkplatz. Wir halten uns am Effelsberger Weg rechts und passieren ein Fachwerkhaus. Kurz darauf haben wir den Wald hinter uns gelassen und werden mit einem atemberaubenden **Fernblick über die Eifel** belohnt. Eine Bank lädt zum Picknick mit Panoramaaussicht Richtung Norden ein.

Von nun an umrunden wir das Dorf **Rodert** im Uhrzeigersinn: Am Reitweg wenden wir uns dazu nach links. An der Gabelung geht es rechts am Waldrand entlang. Nun öffnet sich uns ein nicht weniger spektakulärer Blick in die südliche Eifel hinein. Über freies Feld laufen wir bis zu einer Kreuzung, nach links kommen wir zu einem Gatter. Vor diesem Zauneingang geht es auf einem Wiesenstück den Hang hinab. Unten angekommen, erwartet uns ein befestigter Weg, in den wir nach rechts abbiegen. Bald leitet uns ein Wegweiser auf einen kleinen Weg nach links Richtung Bad Münstereifel.

Von hier aus genießen wir den letzten Fernblick, bevor es an der Waldstraße wieder links unter die schattigen Bäumen geht. Am nächsten Abzweig halten wir uns rechts, bis wir zu einer

Café Dachsbau im Golf-Hotel Breuer
Schöne Sonnenterrasse und Kaffee und Kuchen aus der hauseigenen Konditorei.
Roderter Kirchweg 1
53902 Bad Münstereifel
Tel. (0 22 53) 54 19 61
www.cafebreuer.de
Di, Do–So 11.30–19 Uhr

Burgrestaurant
Toller Blick von der Terrasse, die auch im Winter geöffnet hat.
Burg 1
53902 Bad Münstereifel
Tel. (0 22 53) 54 33 01
www.eifelburg.de/burg.htm
Tgl. ab 9 Uhr

Schranke gelangen. Ab hier geht es auf einer asphaltierten Straße hinunter bis zum bekannten **Café Dachsbau.** Nun haben wir uns eine Pause mit Ausblick auf Bad Münstereifel verdient, bevor es wieder zurück ins Städtchen geht.

Nach der Durchquerung des Johannistores können wir noch einen Abstecher nach rechts zur **Burg** machen, in der im 13. Jahrhundert Graf Gottfried von Jülich residierte. 1689 wurde sie von französischen Truppen in Brand gesetzt. Heute ist sie in Privatbesitz und bietet Besuchern ein Restaurant. Über eine Treppe geht es hinunter zur Erft.

Am Entenmarkt lohnt ein Besuch des **Apothekenmuseums** im Gebäude der historischen Schwanen-Apotheke, wo unter anderem ein altes Labor und eine Materialkammer zu besichtigen sind, in der man Riechproben von Heilpflanzen nehmen kann. Über die Werther Straße geht es schließlich zurück zum Werther Tor und zum Bahnhof – oder man nutzt das **City Outlet** für den Einkauf frischer Wanderkleidung. Denn in der Altstadt von Bad Münstereifel bieten Shops bekannter Marken ihre Produkte zum günstigen Preis an.

Apothekenmuseum
Interaktive Ausstellung in einer historischen Apotheke.
Werther Straße 13–15
53902 Bad Münstereifel
Tel. (0 22 53) 76 31
Di–Fr 14.30–17,
Sa/So/Fei 11–16 Uhr

Die Erft fließt mitten durch Bad Münstereifel

33 Satzvey
Vorbei an alten Gemäuern

Karte ▸ Seite 151

Wanderung

Hin- & Rückfahrt	Bhf. Satzvey, RB, zweimal stündl.
Verlauf	Satzvey – Antweiler – Lessenich – Katzvey – Satzvey
Länge	13 km

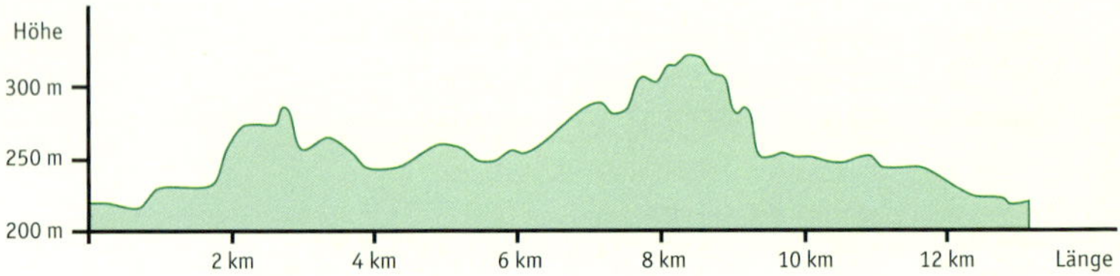

Eine Burg am Anfang, eine Burg am Ende, in der Mitte lauschige Wälder und bunte Sandsteinformationen: Die Wanderung rund um den Ort Satzvey bietet viel Abwechslung.

Die Katzensteine sind leuchtend rote Sandsteinfelsen

Das Schönste heben wir uns auf bis zum Schluss. Daher gehen wir vom Bahnhof **Satzvey** auch nicht in Richtung Burg, sondern laufen von der Veybachstraße links über die Schienen ortsauswärts. Direkt hinter den Gleisen biegen wir links in die Straße „Am Billig" ein und folgen dieser bis zu einer großen weißen Lagerhalle mit der Hausnummer 12. Hier unterqueren wir nach rechts die Autobahn und wählen den Weg geradeaus, direkt über den **Golfplatz** – Vorsicht vor fliegenden Golfbällen! Durch die gut gepflegte Anlage kommen wir zur mittelalterlichen **Burg Zievel.** Die ehemalige Wasserburg, die 1107 erstmals geschichtlich erwähnt wurde, befindet sich nach vielen Eigentümerwechseln heute in Privatbesitz. Die Außenanlagen sind teilweise zugänglich, der Golfplatz in der Parklandschaft wurde Mitte der 1990er-Jahre angelegt.

Burg Satzvey

Die mittelalterliche Wasserburg wurde zwischen 1396 und 1406 auf einer Insel inmitten eines Weihers errichtet, durch den der Veybach fließt. Das historische Gebäude gilt wegen seiner originalen Bausubstanz als eine der besterhaltenen Wasserburgen des Rheinlandes. Anlässlich historischer Veranstaltungen wie Ritterspielen öffnen sich die Tore der Burg für die Besucher, ansonsten können diese nur den Burghof besichtigen und über den Wassergraben einen Blick auf die Fassade werfen.

An der Asphaltzufahrt zur Burg gehen wir nach rechts über einen kleinen Bach und folgen an einer knorzigen Eiche den Schildern zu den Tees 9 und 13. Wir bleiben nun trotz einiger Abzweigungen immer so nah wie möglich am Waldrand, mit dem Golfplatz rechts im Blick. Erst wo der Weg einen scharfen Linksknick macht und das Green zu Ende ist, wenden wir uns nach rechts auf einen kleinen Trampelpfad, der uns zu einem Feld führt. An dessen Rand, immer dem niedrigen Elektrozaun

Burg Satzvey
An der Burg 3
53894 Mechernich-Satzvey
Tel. (01 72) 4 69 79 69
www.burgsatzvey.de
Burgbesichtigungen mit Führung:
Sa/So/Fei 12–17 Uhr
zu jeder vollen Stunde
5 €, Kinder 2 €
Anmeldung:
Tel. (0 22 56) 93 89 22

folgend, kommen wir zur **Tongrube.** Der Zutritt ist zwar verboten, aber wir können von unserem Weg aus einen Blick in das imposante Loch werfen.

Nach der Schranke zum Betriebsgelände folgen wir der Asphaltstraße. Bevor wir nach rechts abbiegen, um zur Kreisstraße zu gelangen, empfiehlt sich eine Pause auf der Bank unter einem schattigen Baum – mit weitem Blick auf die Felder und Hügel in der Umgebung. Nach der Rast überqueren wir die Kreisstraße und folgen dem Landwirtschaftsweg bis zum ersten Haus von **Antweiler.** Vor dem gelben Neubau biegt rechts ein Wiesenweg ab, der uns zum Römerkanal-Wanderweg führt. Diesem folgen wir ab jetzt eine ganze Weile. Er leitet uns zunächst rechts und direkt wieder links über die Landstraße und anschließend geradeaus bis zum Waldrand.

Hier biegen wir rechter Hand ab, um nach **Lessenich** zu gelangen. Hinter dem Sportplatz folgen wir dem Weg nach rechts bis zur Straße im Ort. Ein paar Meter weiter links, am Wegekreuz, laufen wir auf der Zieveler Straße nach links bis zur schmucken Dorfkirche. Hier geht es nach rechts in die Stephanusstraße, auf der wir bis zum Ortsausgang bleiben. Links geht es zum Friedhof, hinter dem wir rechts abbiegen. Bald unterqueren wir wieder die Autobahn und halten uns an der T-Kreuzung links, um in den Mechernicher Wald einzutauchen.

An den nächsten Abzweigen halten wir uns immer an den Schildern des **Römerkanal-Wanderweges** abwechselnd rechts und links. Hin und wieder entdecken wir Infotafeln, die auf Aufschlüsse des Kanals hinweisen. Am Infoschild 21 verlassen wir den Weg und nehmen einen kleinen unmarkierten Pfad bergab. Dieser führt uns zu den **Katzensteinen:** leuchtend rote Sandsteinfelsen, die in der Steinzeit von Jägern bewohnt waren und zu Römerzeiten als Steinbruch genutzt wurden.

Nachdem wir uns an den prächtigen Farben sattgesehen haben, nehmen wir den kleinen Pfad kurz vor der Straße links den Berg hinauf. Wenig später erreichen wir, immer parallel zur Straße gehend, den Wanderparkplatz Katzensteine. Über die Landstraße hinweg gelangen wir zu einer kleinen

Brücke über den Veybach nach **Katzvey** hinein. An der Dorflinde geht es nach rechts und über die Schienen, wo wir hinter dem alten Bahnwärterhäuschen nach rechts auf einen Schotterweg abbiegen.

Wir bleiben nun immer nahe den Gleisen und ignorieren sämtliche Wege, die uns von den Gleisen wegführen, bis wir zur Straße „Am Wasserfall" gelangen. Diese mündet in die Straße „Am Mühlenbach", der wir nach rechts folgen, bis es rechts in die Straße „In den Kempen" hineingeht. Am Ende folgen wir der Anliegerstraße nach links und kommen bald über einen Friedhof zur Kirche **St. Panthaleon,** dem Mittelpunkt von Satzvey. Rechts neben der Kirche nehmen wir die Treppen hinunter, vorbei an der alten Schule, und erreichen damit rechter Hand den Höhepunkt unserer Tour: die **Burg Satzvey.**

Nachdem wir uns die Türme und Treppen, die rot-weiß lackierten Fensterläden und viele andere liebevolle Kleinigkeiten in der Burg angesehen haben, können wir vor unserer Heimfahrt noch das **Burgcafé** in mittelalterlichem Ambiente besuchen. Zum Bahnhof folgen wir der Gartzemer Straße nach rechts, bis wir zur Veybachstraße kommen, die uns zurück zum Bahnhof führt.

Burgcafé im Schloss
Kaffee und Kuchen in historischem Ambiente.
An der Burg 3
53894 Mechernich-Satzvey
Tel. (0 22 56) 95 83 27
www.burg-cafe-satzvey.de.rs
Di–So 12–18 Uhr

34 Freilichtmuseum Kommern
Eintauchen in die Geschichte

Karte ▸ Seite 155

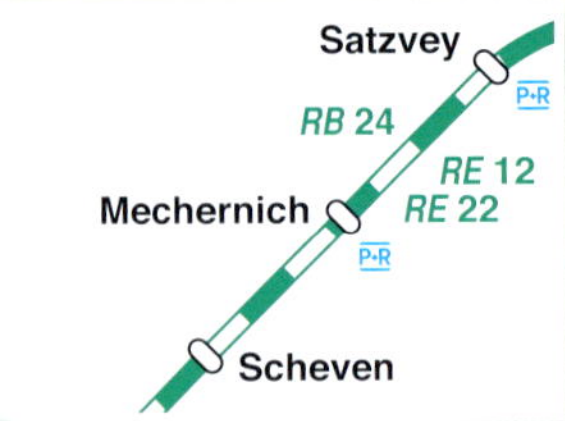

Wanderung	
Hin- & Rückfahrt	Bhf. Mechernich, RB, zweimal stündl.
Verlauf	Mechernich – Freilichtmuseum Kommern – Mechernich
Länge	10 km (plus 2,5 km Rundgang im Museum)

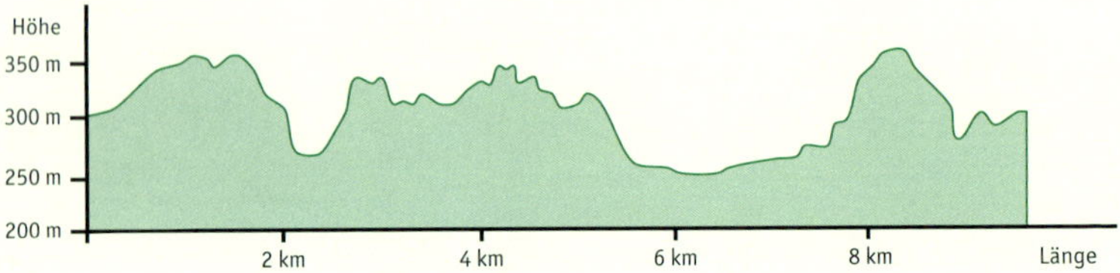

Das Freilichtmuseum Kommern ist schon allein eine Reise wert. Wer mit dem Zug anfährt, kann den Besuch mit einer schönen Waldwanderung von Mechernich zum Museum und zurück über Kommern verbinden. Die ehemalige Bergbaustadt Mechernich gilt heute als das Tor zum Nationalpark Eifel.

Am modernen Bahnhof **Mechernich** angekommen, mag man kaum glauben, dass nicht weit entfernt historische Gebäude aus dem 15. Jahrhundert zu finden sind. Bevor wir diese in Augenschein nehmen können, müssen wir jedoch erst die Wanderschuhe schnüren und einige Kilometer durch den Wald laufen.

Gegenüber vom Bahnhof gehen wir in den Johannesweg hinein. Die zweite Straße links ist die Marienau, die nach einem scharfen Rechtsknick in einen Waldweg mündet. Diesem folgen wir bis zu einer größeren Kreuzung, an der mehrere Wege aufeinandertreffen. Hier wenden wir uns nach links und bleiben auf dem schattigen Waldpfad, der uns immer geradeaus führt.

Freilichtmuseum Kommern

Bauernhöfe, Wind- und Wassermühlen, Werkstätten, Schul- und Backhaus, Tanzsaal und Kapelle: Mehr als 70 historische Gebäude befinden sich derzeit auf dem 95 Hektar großen Gelände des Freilichtmuseums Kommern. Weitere sind aktuell im Bau. Jedes Baudenkmal wurde innerhalb der ehemaligen preußischen Rheinprovinz demontiert und im Originalzustand wieder aufgebaut. Viele der Häuser können auch von innen besichtigt werden und sind Zeugnis für das Wohnen und Wirtschaften der Landbevölkerung seit dem Ende des 15. Jahrhunderts. Von April bis Oktober zeigen Handwerker ihre Arbeit aus vergangenen Zeiten. Das großzügige Museumsgelände ist eingebettet in Äcker, Bauerngärten und Obstwiesen, durch die man auf der Runde ausgiebige Spaziergänge machen kann.

LVR-Freilichtmuseum Kommern
Eickser Straße
53894 Mechernich-Kommern
Tel. (0 24 43) 9 98 00
www.kommern.lvr.de
Apr.–Okt. 9–19, Nov.–März 10–17 Uhr
7,50 €, unter 18 Jahre Eintritt frei

Wo sich der Weg teilt, halten wir uns weiter leicht rechts und folgen den Wegweisern A1 am Waldrand entlang, bis wir zu einem asphaltierten Weg gelangen. An dieser Stelle biegen wir nach links ab und steigen auf weichem Waldboden steil hinunter zum **Mühlensee.** Am Ufer angekommen, geht es nach rechts und über den Parkplatz hinweg. Nach ca. 50 Metern rechts an der Bundesstraße entlang nehmen wir hinter dem Restaurant „Croatia“ die Straße „Nachtigallenthal“. Am Abzweig entscheiden wir uns für die Sackgasse, die bald wieder zum Waldweg wird.

An der nächsten Abzweigung wenden wir uns nach rechts, der Waldweg wird bald zur Straße „Am Museum“. Diese geht in die Straße „Am Hostert“ über, der wir weiter folgen. Am letzten Haus mit der Nummer 12 gehen wir links am Waldrand entlang, der uns direkt zum **Freilichtmuseum Kommern** führt. Ein kleiner Serpentinenweg leitet uns vom Parkplatz zum Eingang des Museums.

Nachdem wir am Eingang unseren Obolus entrichtet haben, können wir uns für drei unterschiedlich lange Rundwege entscheiden. Der ausführlichste, 2,5 Kilometer lange Weg führt uns an historischen Häusern aus dem Westerwald und dem Mittelrhein vorbei, nach einem Waldstück folgen alte Gebäude aus der Eifel und dem Eifel-Vorland. Über architektonische Zeitzeugen aus dem Niederrhein geht es in den Abschnitt Bergisches Land, von wo aus wir über den „Marktplatz Rheinland“ zum Eingang zurückspazieren.

Bevor wir den Rückweg antreten, genießen wir noch den **Fernblick über das Eifelvorland** bis hin zur Kölner Bucht. Anschließend geht es über den bekannten Weg am Waldrand zurück zur Straße „Am Hostert“. Wo diese auf die Straße „Am Museum“ trifft, gehen wir statt geradeaus dieses Mal nach links, hinunter zur Bundesstraße, die wir auf einer Fußgängerbrücke überqueren.

Durch den Mühlenpark gelangen wir zur Mühlengasse in **Kommern,** der wir nach links folgen. Der schönste Teil des Fachwerkdorfes ist die **Kölner Straße,** die wir nach rund 200 Metern erreichen. Bis zu 400 Jahre alte Häuser säumen die Straße im Ortskern. Das Haus mit der Nummer 29 aus dem Jahr 1548 ist das älteste Fachwerkhaus in der Region. Jedes Jahr am dritten Wochenende im Oktober findet in Kommern ein historischer Markt mit Vertretern von alter Handwerkskunst und Kunsthandwerk statt. Im 19. Jahrhundert gab es hier bis zu 44 Handwerkszünfte – vom Wagenschmied über den Pumpenbauer bis zum Tabakspinner. Mehrere Restaurants und ein Eiscafé laden im Ortskern zu einer Pause ein.

Zurück geht es über die Mühlengasse, den Seeweg und den Ernst-Becker-Weg, der uns zum Parkplatz am Mühlensee leitet. Wer einen Abstecher zur **Sommerrodelbahn** machen will, geht rechts am See entlang, bis er an der Bundesstraße zu einer Fußgängerbrücke kommt. Nach links und am nächsten Abzweig nach rechts gelangen wir zum **Hotel-Restaurant Eifeltor** mit seiner 680 Meter langen Rodelstrecke und einer Aussichtsterrasse.

Alle, die sich den Abstecher sparen wollen, umrunden den See im Uhrzeigersinn. Auf halber Höhe führt ein steiler Pfad den Hang hinauf. Oben angekommen wenden wir uns unter einem mächtigen Baum nach rechts. Es lohnt sich, den nächsten Abzweig nach links zu nehmen. Dieser führt uns nämlich zum 375 Meter hohen **Altusknipp,** einer Erhebung mit Gipfelkreuz über den Bäumen, die eine fantastische Aussicht über die Eifel bietet. Wer sich sattgesehen hat, kehrt zurück zum Waldweg, dem wir nach links bis zur Bundesstraße folgen. Von dort nach links sind es nur ein paar Minuten, bis wir wieder am Bahnhof Mechernich angekommen sind.

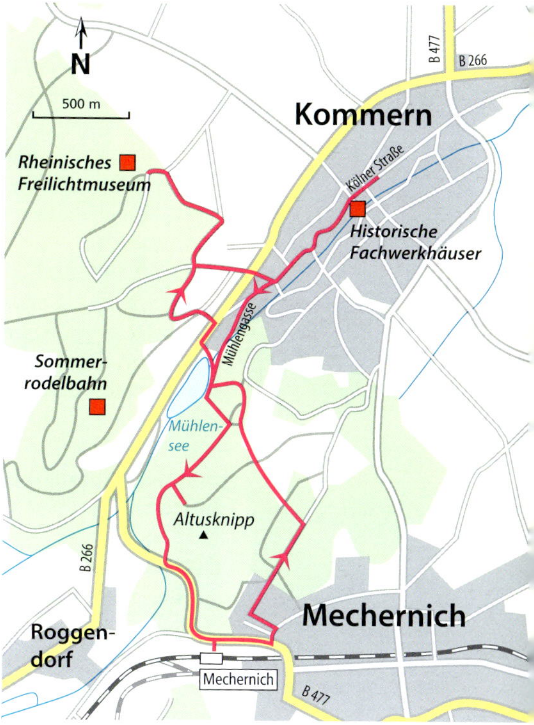

Hotel-Restaurant Eifeltor
Auf dem Gelände der ehemaligen Landesgartenschau im Naturpark, mit zwei Terrassen sowie regionalen und nationalen Speisen.
Zur Sommerrodelbahn
53894 Mechernich
Tel. (0 24 43) 98 13 51
www.freizeit-insel.de
Rodelbahn:
Ostern–Okt. 10–18 Uhr

35 Heimbach

Karte ▸ Seite 159

Steil bergauf zum Kloster

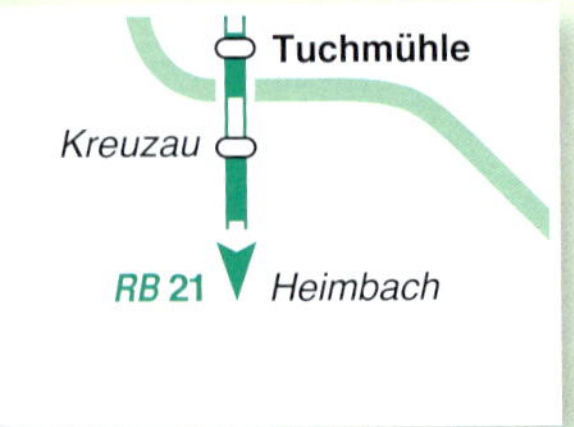

Wanderung

Hin- & Rückfahrt	Bhf. Heimbach, RB, stündl. via Düren
Verlauf	Heimbach – Abtei Mariawald – Heimbach
Länge	11 km

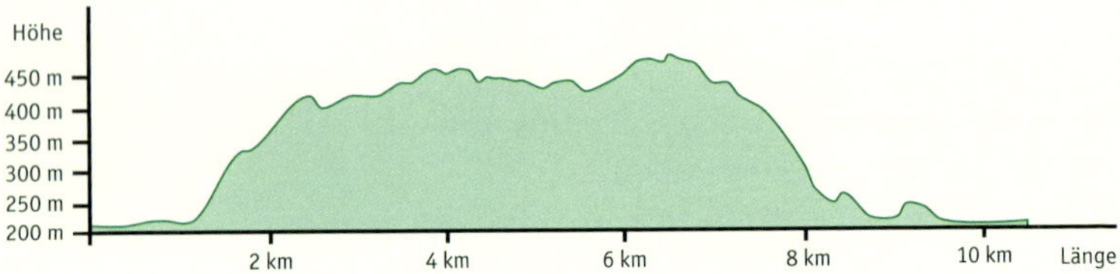

Der einzige Nationalpark Nordrhein-Westfalens liegt westlich von Köln: der Nationalpark Eifel. Am leichtesten zu erreichen ist er vom Örtchen Heimbach, das direkt am Rursee liegt und viele Wandermöglichkeiten bietet. Wir entscheiden uns für eine Waldwanderung zur Abtei Mariawald und zurück am Staubecken Heimbach entlang.

Bevor wir uns in die ruhigen Wälder am Rursee begeben, beginnen wir unsere Wanderung mit einem Spaziergang durch das hübsche **Heimbach** mit seinen vielen Fachwerkhäusern und den zahlreichen Einkehrmöglichkeiten – der Einstieg der Wanderung liegt vom Bahnhof aus gesehen ohnehin am anderen Ende des Ortes. Vom Bahnhof aus biegen wir am Kreisverkehr nach links, um ins Dorf zu gelangen. Wo das Straßenschild nach Mariawald zeigt, biegen wir nach rechts und kommen zur **Burg Heimbach,** die eine Besichtigung wert ist.

Nach einem Rundgang durch die Burg folgen wir der Straße weiter stadtauswärts. Etwa 100 Meter nach dem Ortsausgangsschild weist links in der Mauer ein kleines weißes Schild auf den

Burg Heimbach

Die Burg Heimbach, eine Ringburganlage aus dem 12. bis 14. Jahrhundert, wird auch Burg Hengebach genannt. Sie thront auf einem 180 Meter langen und bis zu 40 Meter breiten Bergrücken. 1288 wurde die Festung Sitz eines Jülicher Burggrafen und der Ort Heimbach Mittelpunkt eines Jülicher Amtes. Nach einer wechselhaften Geschichte mit vielen Eigentümerwechseln wurde die Burg beim „großen Brand von Heimbach" im Jahre 1687 zusammen mit dem Dorf und der Kirche nahezu vollständig vernichtet. Heute sind die Außenanlagen und der Bergfried für Besucher geöffnet. Seit 2009 hat hier zudem die Internationale Kunstakademie Heimbach ihren Sitz.

Einstieg des Wanderwegs nach Mariawald. Über schmale Treppen geht es steil und in Serpentinen den Berg hinauf in den Wald hinein. An Abzweigungen halten wir uns immer bergan, bis wir den Funkmast erreicht haben. Von hier aus bietet sich ein herrlicher Panoramablick hinunter nach Heimbach und auf die **Rurschleife,** die sich durchs Grün windet. Ein paar Bänke an einer Schutzhütte laden zum Verweilen ein. Hinter der Hütte führt der linke Weg weiter Richtung Mariawald, ab hier wird der Weg eben. Nach einer Weile treten wir aus dem Nadelwald heraus und sehen über den Baumspitzen bereits den Kirchturm der **Abtei Ma-**

via Tipp

Abtei Mariawald
Erbsensuppe und Klosterlikör, Backwaren und Pralinen, Trappistenbier und -käse aus Belgien: Manch einer kommt nur wegen des Klosterladens und der Gaststätte zur Abtei Mariawald.
52396 Heimbach
Tel. (0 24 46) 95 06-0
www.kloster-mariawald.de

riawald, die bald in voller Pracht vor uns erscheint.

Nach der Besichtigung setzen wir unseren Weg am Ende des Parkplatzes fort: Ein Wegweiser Richtung „Heimbach Staudamm" führt uns zum großen Kreuz an einer Kriegsgräberstätte. Der Blick von hier oben ist atemberaubend und reicht über die flache Voreifel bis zur Rheinebene in über 50 Kilometern Entfernung und bei schönem Wetter sogar darüber hinaus. Wir laufen an den streng symmetrisch angeordneten Gräbern des **Soldatenfriedhofs** vorbei und durch ein Tor. An der Straße angelangt, nehmen wir den Weg rechts neben der Straße, der für Autos gesperrt ist. Dieser sogenannte **Wildnis-Trail** ist mit dem Kopf einer Wildkatze markiert. Mit ganz viel Glück kann man das seltene Tier nämlich hier im Nationalpark entdecken.

Bei der ersten Anhöhe können wir einen Blick auf den Rursee werfen, der direkt hinter Heimbach beginnt. Bald verschwindet der See aber wieder aus unserem Blick, denn wir gehen auf dem Wildnis-Trail immer tiefer in den Nadel- und Buchenwald hinein. An einer T-Kreuzung halten wir uns rechts

Abtei Mariawald

Die Abtei Mariawald ist das einzige männliche Trappistenkloster in Deutschland. Sie wurde an der Stelle einer Pietà errichtet, die 1470 im Wald bei Heimbach von einem Strohdachdecker in einem hohlen Baumstamm aufgestellt wurde. Neun Jahre später ersetzte ein Heimbacher Pfarrer die Kapelle durch eine hölzerne Kirche und schenkte sie dem Zisterzienserorden, der dort bald mit dem Bau eines Klosters begann. Das Kloster des Ordens der Zisterzienser der Strengeren Observanz wird auch heute noch von den Mönchen und weiteren Mitarbeitern bewirtschaftet. Um den Klosterbetrieb zu finanzieren, gibt es eine Klostergaststätte, einen Klosterladen, eine Buch- und Kunsthandlung sowie eine Likörfabrik, die heimische Erzeugnisse verkauft.

Richtung Heimbach. Was lange Zeit stetig bergauf ging, geht nun bald wieder bergab, bis wir eine Infotafel erreichen, die Details zum Nationalpark liefert. An dieser Stelle wenden wir uns nach rechts, um direkt 15 Meter weiter links in einen winzigen, etwas zugewachsenen Pfad einzubiegen, der mit einem Metallpfahl markiert ist. Dieser lauschige Pfad führt uns über kleine Treppenstufen bergab und erspart uns damit eine große Kehre auf dem Hauptweg.

Der Pfad endet an einem Haus und einer Straße, in die wir rechts abbiegen. Wir folgen einem leise plätschernden Bach bis hinunter zur Rur, die hier zum **Staubecken Heimbach** angewachsen ist. Weiter geradeaus geht es am ruhigen Wasser entlang. Wer nach der Wanderung pausieren möchte, findet hier einige Einkehrmöglichkeiten direkt am See. Auf der anderen Uferseite lockt auch ein Tretboot- und Ruderbootverleih, den wir erreichen, indem wir die Staumauer überqueren.

Wer direkt zurück nach Heimbach will, wendet sich auf der anderen Uferseite nach rechts und kann hinter den Schrebergärten und der Burg eine der drei folgenden Brücken zurück zum Bahnhof nehmen. Im Bahnhof befindet sich auch das sehenswerte **Wasser-Info-Zentrum Eifel.** Eine spannende Ausstellung informiert unter anderem über die Bedeutung des Wassers für Natur und Umwelt, zeigt die heimische Unterwasserwelt in Aquarien und erklärt, wie Talsperren funktionieren – inklusive einem Talsperrenmodell zum Selbersteuern. Nicht nur für Kinder interessant!

Terrasse am See
Große Sonnenterrasse mit Blick auf das Staubecken.
Am Schmalscheidt 4
52396 Heimbach
Tel. (0 24 46) 33 14
www.terrasse-am-see.de
Sommer tgl. 12–18 Uhr,
Nov.–März Sa/So/Fei 12–18 Uhr

Wasser-Info-Zentrum Eifel
Einblicke in die heimische Unterwasserwelt.
Karl-H.-Krischer-Platz 1
52396 Heimbach
Tel. (0 24 46) 9 11 99 06
www.wasser-info-zentrum-eifel.de
Di–So 14–17 Uhr,
So Besucherführung 14.30–15.30 Uhr

36 Düren – Nideggen
Der Fluss als Begleiter

Karte ▸ Seite 163 & 164

Radtour

Hinfahrt	Bhf. Düren (S 13, S19 , RB), zweimal stündl.
Rückfahrt	Bhf. Nideggen, RB, alle 60 Min. via Düren
Verlauf	Düren – Kreuzau – Obermauchbach – Nideggen
Länge	21 km

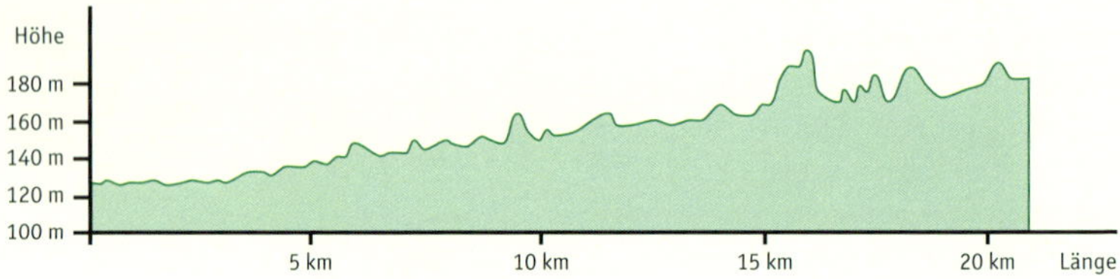

Eine gemütliche Radwanderung führt uns an der naturbelassenen Rur entlang von Düren bis nach Nideggen. Dank weniger Steigungen – und die nur am Schluss – ist die Tour auch für Familien oder wenig trainierte Radler geeignet.

Hier ist man stolz auf seine Natur

Die gesamte Strecke des Rurufer-Radweges misst 180 Kilometer, sie reicht von der Rurquelle im belgischen Hohen Venn bis nach Roermond in den Niederlanden. Wir beschränken uns bei diesem Ausflug auf den leicht mit der Bahn erreichbaren Abschnitt zwischen dem zentral gelegenen Düren und dem beschaulichen Nideggen.

Vom Bahnhof **Düren** aus schieben wir unser Rad am westlichen Ausgang Richtung City. Die Josef-Schregel-Straße führt uns am kleinen Langemarkpark vorbei. Direkt hinter dem Park biegen wir nach rechts und sofort wieder nach links in die Gutenbergstraße, die uns zum **Kaiserplatz**, dem Herzen Dürens, leitet.

Wir kommen am denkmalgeschützten Rathaus aus den 1950er-Jahren vorbei, wo sich ein Blick nach oben lohnt: In dem Stadtwappen über der

An der Rur entlang geht es immer stromaufwärts

Uhr wurden 25 000 Mosaiksteinchen aus Mailänder Glas verarbeitet.

Wir folgen der Straße Kaiserplatz, fahren nach rechts in die Victor-Gollancz-Straße und sofort wieder links in die Franziskanerstraße, die uns zum **Leopold-Hoesch-Museum** am Hoeschplatz führt. Das Museum beherbergt eine beachtliche Sammlung der Klassischen Moderne. In direkter Nachbarschaft, in der Wallstraße, befindet sich das **Papiermuseum**, das über die traditionell-handwerkliche sowie die modern-industrielle Form der Papierherstellung informiert. Zur Zeit befindet sich das Museum allerdings im Umbau und wird frühestens im September 2018 wieder seine Pforten für die Besucher öffnen.

Zurück am Hoeschplatz halten wir uns links und fahren in die Goethestraße. Wir kreuzen die Rurstraße und gelangen über die Straße „Am Stadtpark" direkt zum Rurdamm, wo unsere Tour am Flussufer beginnt.

Wir folgen nun der **Rur** linker Hand immer stromaufwärts und können uns dabei weitgehend an den Wegweisern des Rurufer-Radweges orientie-

Leopold-Hoesch-Museum
Hoeschplatz 1
52349 Düren
Tel. (0 24 21) 25 25 61
www.leopoldhoesch museum.de
Di–So 10–17, Do 10–19 Uhr
6 €, erm. 3 €

Papiermuseum Düren
Wallstraße 2–8
52349 Düren
Tel. (0 24 21) 25-0
www.leopoldhoesch museum.de
Zur Zeit wegen Umbau geschlossen

Freizeitbad monte mare Kreuzau
Windener Weg 7
52372 Kreuzau
Tel. (0 24 22) 9 42 60
www.monte-mare.de/de/kreuzau.html
Mo–Sa 10–22, So 10–19 Uhr
7 €, Kinder 6 €,
Zuschlag Sa/So/Fei 1,50 €

Restaurant Strepp am See
Mit See- und Gartenterrasse.
Am Stausee
52372 Kreuzau-Obermaubach
Tel. (0 24 22) 74 54
www.restaurant-strepp-am-see.de
Di ab 14.30, Mi–Fr ab 11.30, Sa/So ab 10 Uhr

ren. Nachdem wir die Häuser der Stadt hinter uns gelassen haben, wird der Weg sehr idyllisch: Unter schattigen Bäumen radeln wir durch die Auenlandschaft. Weiden ragen oft weit ins Wasser hinein, das sich um kleine, dicht bewachsene Inseln schiebt. Das Plätschern wird immer dann lauter, wenn wir eine der vielen Wehre passieren.

Nicht immer behalten wir den Fluss im Blick, weil Bäume die Sicht versperren. Es lohnt sich daher, an Brücken und Stichwegen, die bis ans Wasser führen, Halt zu machen, um einen Blick auf

Burg Maubach

Geschützt durch eine hohe Mauer liegt auf einem Hügel die Burganlage, die in den Geschichtsbüchern erstmals 1153 auftaucht. Damals soll es an dieser Stelle ein befestigtes Wohnhaus gegeben haben. Nach dem Tod des Herrn von Molbach verfiel das Gebäude und wurde erst wieder im 15. Jahrhundert erweitert und ausgebaut. Nach mehreren Besitzerwechseln und Renovierungen des immer wieder baufällig gewordenen Hauses bauten im Jahr 1717 Angehörige des Hauses Palant das Herrenhaus aus und fügten im Laufe der Zeit verschiedene Gebäude an die Mauern an. Seit 1874 befindet sich die Burganlage im Besitz der Familie Graf von Spee und kann nur von außen besichtigt werden.

die gemächlich dahinfließende Rur zu werfen. Wir bleiben immer recht nahe links am Fluss, bis wir nach **Kreuzau** kommen. Hier schickt uns der Wegweiser nach links durch den Ort, der sich für einen Zwischenstopp anbietet: Das **Freizeitbad monte mare** lockt mit Wasserattraktionen wie Röhrenrutschen und Wellenbad. Nichtschwimmer können, zurück an der Rur, im Biergarten des Schwimmbads eine Pause einlegen.

Alternativ ist auch ein Picknickplatz in kurzer Distanz zu erreichen: Weiter am Flussufer entlang passieren wir bald **Heckers Weiher,** einen idyllischen Anglerteich. Kurz darauf liegt links der Rastplatz „An den drei Erken" des Eifelvereins mit Tischen, Bänken und einer Hütte. Direkt dahinter überqueren wir eine Doppelbrücke, die im Volksmund aufgrund ihrer markanten Form auch „Busenbrücke" genannt wird. Auf der anderen Uferseite geht es nach links auf die offenen Felder, wo der Blick erstmals bis zur Voreifel geht. Nach der Straßenkreuzung in **Üdingen** tauchen wir wieder ins dichte Grün ein.

Kartenabschnitt 1,
Anschluss auf Seite 164

Nach einem erneuten Uferwechsel geht es durch ein langgezogenes Campingplatzgelände bis zum Örtchen **Schlagstein,** wo es schon wieder auf die andere Flussseite geht. Überraschenderweise biegt hier der Weg nach rechts – er führt uns nämlich an der **Burg Maubach** vorbei.

Nun geht es wieder nach links, und bald darauf erreichen wir das **Staubecken Obermaubach,** einen idyllisch gelegenen See mit vielen Wassersportmöglichkeiten. Ruder- und Tretboote können direkt an der Staumauer ausgeliehen werden. Ebenfalls an der Staumauer lädt das **Restaurant Strepp am See** mit einer See- und einer Gartenterrasse zum Verweilen ein. Gut gestärkt setzen wir unseren Weg fort, der von nun an etwas anspruchsvoller wird: In moderaten Steigungen geht es an den Bahnschie-

Gut Kallerbend
Gemütliches Restaurant mit Biergarten und Blick auf die Rur-Wiesen.
Gut Kallerbend 1
52385 Nideggen-Zerkall
Tel. (0 24 27) 12 17
www.gut-kallerbend.de
Di, Mi, Fr–So 10–20.30 Uhr

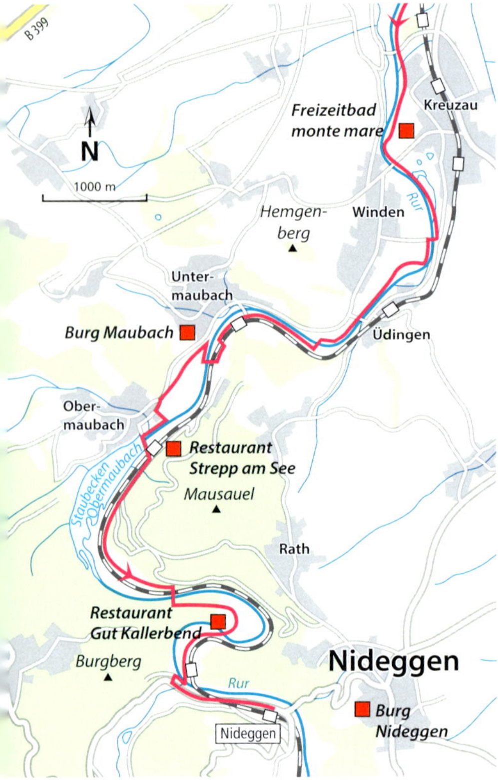

Kartenabschnitt 2, Anschluss von Seite 163

nen entlang in die Höhenzüge der Eifel hinein. Über eine stabile Holzbrücke geht es auf die rechte Seite der Rur, die nach dem weiten Staubecken hier wieder zu einem kleinen Fluss geworden ist. Wem es in Obermaubach zu trubelig gewesen ist, bekommt hinter der nächsten Steigung am **Gut Kallerbend** mit einer ruhigen Terrasse noch einmal die Gelegenheit zur Rast.

Kurz nach dem Gut gelangen wir an eine T-Kreuzung, die wir nach links Richtung Nideggen abbiegen. Am Bahnhof Zerkall befindet sich das Tor zum Nationalpark Eifel: Der **Infopunkt** jenseits der Rurbrücke hält zahlreiche Broschüren zum einzigen Nationalpark Nordrhein-Westfalens bereit und gibt Auskunft zu weiteren Aktivitäten in der Gegend. Hinter dem Infopunkt setzt sich unser Radweg fort. Nach einem Kilometer haben wir den **Bahnhof Nideggen** erreicht, von wo aus wir mit der Rurtalbahn den Heimweg antreten. Im alten Bahnhofsgebäude befindet sich heute übrigens die **Biologische Station,** die sich im Kreis Düren um den Naturschutz verdient macht.

Wer nun noch ganz viel Energie übrig hat, kann sein Fahrrad am Bahnhof stehen lassen und sich zu Fuß zur **Burg Nideggen** begeben. In der Ruine wurde im 20. Jahrhundert das erste Burgenmuseum Nordrhein-Westfalens eröffnet. Ein edles Restaurant empfängt die Besucher, die von oben einen herrlichen Blick über die Eifel genießen können. Ein steiler Fußweg führt den Berg zum Ort Nideggen hinauf, der von der Burgruine dominiert wird.

Nationalpark-Infopunkt Zerkall
52393 Nideggen-Zerkall
Tel. (0 24 27) 90 90-26
www.infopunkt-zerkall.de
Mo/Di 13.30–17,
Mi–So 10–17 Uhr

Burg Nideggen
Burgenmuseum Nideggen
52385 Nideggen
Tel. (0 24 27) 63 40
www.kreis-dueren.de/burgenmuseum
Di–So 10–17 Uhr

Tipps & Infos zum VRS-Nahverkehr

Mit Bus & Bahn ins Grüne

Mit den Bussen, Bahnen und Stadtbahnen im Großraum Köln/Bonn kommt man dank des Verkehrsverbundes Rhein-Sieg (VRS) schnell und einfach von A nach B. In diesem Tourenplaner liegen fast alle 36 Ausflugsziele im Gebiet des VRS. Das bedeutet, dass man das Auto getrost einmal stehen lassen kann.

VRS-Info-Hotline
Tel. (01 80) 6 50 40 30
(20 ct/Anruf aus dem dt. Festnetz; Mobilfunk max. 60 ct/Anruf)

Elektronische Fahrplanauskunft:
www.vrsinfo.de

Tickets

Neben *EinzelTickets* und *4erTickets* bietet der VRS auch *TagesTickets* für eine oder bis zu fünf Personen an. Welche Preisstufe für Ihre Fahrt anfällt, können Sie sich mit Hilfe des Ticketberaters berechnen lassen (www.vrsinfo.de/tickets/ticketberater.html) oder über die VRS-Fahrplanauskunft (http://auskunft.vrsinfo.de/vrs/cgi/page/eingaberoute) erfahren. Kinder unter 6 Jahren fahren kostenlos mit. Für Kinder von 6 bis 14 Jahren gibt es Tickets zum günstigeren Kindertarif. Fragen zu Tickets und Fahrplänen beantwortet auch die VRS-Info-Hotline rund um die Uhr:
Tel. (01 80) 6 50 40 30

Unterwegs mit dem Fahrrad

Wer sich eine Radtour ausgesucht hat oder generell gern mit dem Fahrrad anreist, kann dieses im VRS mitnehmen, vorausgesetzt in Bus und Bahn ist genügend Platz und man hat ein gültiges Ticket für sein Gefährt. Fahrgäste mit Rollstuhl oder Kinderwagen haben stets Vorrang. Wer ein *MonatsTicket* im Abo bezieht, kann montags bis freitags ab 19 Uhr sowie an Wochenenden und Feiertagen ganztägig sein Fahrrad umsonst mitnehmen. Für diejenigen, die häufig das Fahrrad dabei haben, gibt es auch *4erTickets* und *MonatsTickets.* Zusammengeklappte Falträder darf man kostenlos transportieren. Ein Anspruch auf Fahrradbeförderung besteht nicht.

A

B

C

D

E

F

G

H

I

J

K

Impressum

Liebe Leserinnen und Leser,

alle Angaben in diesem Ausflugsführer sind gewissenhaft geprüft. Trotz gründlicher Recherche unserer Autorinnen und Autoren können sich manchmal Fehler einschleichen. Wir bitten um Verständnis, dass der Verlag dafür keine Haftung übernehmen kann. Über Hinweise, Berichtigungen und Ergänzungsvorschläge freuen wir uns jederzeit.

via reise verlag
Lehderstraße 16–19
13086 Berlin
post@viareise.de
www.viareise.de

Wir danken dem Verkehrsverbund Rhein-Sieg (VRS) für die freundliche Unterstützung (► Seite 6).

Vollständig überarbeitete und erweiterte Auflage, Berlin 2018
Früherer Titel: *Ausflüge ins Grüne – Rund um Köln & Bonn*

ISBN 978-3-945983-48-5

Text & Recherche
Sabine Olschner

Redaktion
Natalie Hanß

Herstellung & Gestaltung
Annelie Krupicka

Kartografie
Annelie Krupicka

Druck
Ruksaldruck, Berlin

FSC www.fsc.org
MIX
Papier aus verantwortungsvollen Quellen
FSC® C104247

Umschlagfoto vorn
Julia Hermann/Fotolia

Umschlagfoto hinten
Ahrtal-Tourismus Bad Neuenahr-Ahrweiler e. V.

Foto Seite 1
Siegbert Pinger/Pixelio

Fotos Innenteil
Sabine Olschner, außer:
Ahrtal-Tourismus Bad Neuenahr-Ahrweiler e. V. 135; Eve/Fotolia 65; Katholische Kirchengemeinde Altenberg/Wolfgang Klinkhammer 75; Kunst- und Ausstellungshalle der Bundesrepublik Deutschland 63; Kurt F. Domnik/Pixelio 127; Landschaftsverband Rheinland 153; majonit/Fotolia 59; Malte Kaule 19; Matyas Rehak/Shutterstock.com 60; Mikhail Markovskiy/Fotolia 61; Pixabay 3 u., 124/125; Prof. emeritus Hans Schneider (Geyersberg) 56; pure-life-pictures/Fotolia 147; r.classen/Shutterstock.com 107; Renate Brecher/Fotolia 43; Rike/Pixelio 27; Stadtentwicklungs- und Touristikgesellschaft Linz am Rhein mbH/creativ 118; Thomas Max Müller/Pixelio 4 m., 71, 143; Tobias Kunze/Pixelio 4 u.